Angela Schmid

Zeit für Bienen

Der erfolgreiche Weg zum Freizeitimker

Herausgegeben von Dr. Hans H. von Wimpffen

Ehrenwirth

Die Deutsche Bibliothek – CIP-Einheitsaufnahme

Schmid, Angela:
Zeit für Bienen : der erfolgreiche Weg zum Freizeitimker / Angela Schmid.
Hrsg. von Hans-H. von Wimpffen. – München : Ehrenwirth, 1997
ISBN 3-431-03496-9

Bildquellennachweis
Prof. Dr. R. Barthlott (28), Bildarchiv SZ (3), Prof. Dr. K. Daumer (23, 27), Deutscher Wetterdienst (48), Landesuntersuchungsamt für das Gesundheitswesen, Oberschleißheim (53, 55, 56, 57), Springer Verlag, Berlin/Heidelberg (25), Thieme Verlag, Stuttgart (24). Alle weiteren Abbildungen stammen aus dem Bildarchiv des Ehrenwirth Verlages oder von Herrn Vinzenz Weber.

ISBN 3-431-03496-9
© 1997 by Ehrenwirth Verlag GmbH, Schwanthalerstr. 91, D-80336 München
Fachliche Beratung: Vinzenz Weber, Weilheim
Lektorat: Ingrid Ahnert, Kunreuth
Satz: ew print & medien service gmbh, Würzburg
Druck: Westermann Druck, Zwickau
Printed in Germany

Inhalt

Vorwort des Herausgebers

Mitte der 70er Jahre gehörte ich zu den wenigen glücklichen Menschen, denen es gelang, in der Nähe einer Millionenstadt eine alte, verlassene Mühle mit angrenzendem Wohnhaus zu mieten. Das Anwesen stand inmitten einer großen Wiese, einige hundert Meter entfernt ein dunkler Fichtenwald, der Bach floß direkt am Wohnhaus vorbei. Ein traumhafter Wintergarten, ein herrlicher alter Baumbestand um das Haus herum, überall wuchsen wilde Rosen, im Sommer lag ein betörender Duft der üppigen Vegetation auf dem verlassenen Anwesen. Der Bauer, dem das alles gehörte, war der feuchten Wände, des ständig plätschernden Baches vor seinem Haus überdrüssig geworden. Er baute sich einen modernen Bauernhof noch in Sichtweite der Mühle, inmitten seiner riesigen Maisfelder.

Ich hatte natürlich die Hoffnung, daß er eines Tages die Mühle verkaufen würde, zumal er von all den Dingen, die mir, dem »Städter«, ja so gut gefallen haben, so gar nichts wissen wollte. Ich begann also, mich für die Ewigkeit einzurichten. Wenn man im Sommer auf der Blumenwiese saß unter einem großen Sonnenschirm, bei Kaffee und Kuchen, mit Hunden und Katze, überall Vogelgezwitscher, kam man sich vor wie im Paradies. Den Beobachter mußte das Ganze an ein Monet-Gemälde erinnern. Doch es fiel mir auf, daß die wenigen Obstbäume kaum einen Ertrag hatten, daß es auch kaum Bienen gegeben hat. Ich erklärte mir das mit der Nähe des Bachs, mit dem häufigen Nebel; heute weiß ich, daß es vor allem die riesigen Monokulturen und die Unmengen an Insektiziden waren, die auch die Bienen in weitem Umkreis ausgerottet hatten. Doch zur vollkommenen Idylle gehörte auch das Summen der Bienen; also beschloß ich, Bienen anzuschaffen. Ich kaufte mir eine Menge Fachbücher, las die entsprechenden Bestimmungen des Bürgerlichen Gesetzbuches und erkundete die nahe Umgebung nach einem geeigneten Platz; er sollte nicht zuviel Sonne, nicht zuviel Schatten haben und nicht zu windig, keinesfalls neblig sein.

Ich wollte natürlich nicht Imker werden, sondern nur Bienen um mein Anwesen haben. Ich wollte die Bienen nur beobachten, das Treiben in der Beute studieren, ein wenig von der Faszination des Bienenstaates mitbekommen, den der Nobelpreisträger KARL VON FRISCH so wunderbar beschrieben hat.

Im Frühjahr war es soweit: zusammen mit dem Imker, von dem ich drei Völker gekauft hatte, haben wir die Beuten inmitten der Wiese, auf einer kleinen Anhöhe aufgestellt. Zuvor habe ich mir einen weißen Kittel, weiße Hosen mit Stiefeln, einen breitkrempigen weißen Hut mit Schleier, weiße Handschuhe und natürlich eine Pfeife mit einem guten englischen Tabak angeschafft. Der Imker staunte nicht schlecht, als ich derart eingekleidet aus dem Haus trat, begleitet von meinen Hunden, um an die »Arbeit« zu gehen. Ich kam ihm wahrscheinlich wie ein Anfänger auf der Skipiste vor, der zwar nicht Ski fahren kann, dafür aber die prächtigste und teuerste Ausrüstung besitzt. Doch ich wollte mir die Lust nicht dadurch nehmen lassen, daß ich gleich beim ersten Male zusammengestochen wurde.

Die Bienenvölker gediehen prächtig; ich habe nie geschleudert, hin und wieder lediglich eine prall gefüllte Wabe entnommen und meistens an Freunde verschenkt, verbunden mit dem stolzen Hinweis, diese stamme aus der eigenen Imkerei. Da ich immer nur zufütterte, zog ich mir wahrscheinlich den Spott der Nachbarn zu, weil ich auf die Frage, wann ich denn nun schleudern würde, immer nur die Antwort gab, »nie«. Für mich war es wichtig, daß die Bienen gut versorgt waren, keine Krankheiten bekamen, kurz, daß sie ein schönes Leben hatten und mir durch ihr Dasein Freude bereiteten.

Drei Jahre dauerte der paradiesische Zustand; dann kam der Münchner Großflughafen, die Grundstückspreise stiegen in astronomische Höhen, der Bauer verkaufte seine 120 Hektar Land und zog als Millionär weg; die Mühle wurde für mich unerschwinglich, ich mußte schauen, wo ich mit Hunden, Katze, Tauben und Bienen blieb. Wie sich herausstellte, war das Bienenproblem am einfachsten zu lösen: ich ließ sie an einem Junitag ausschwärmen, auf Nimmerwiedersehen. Ich gehe davon aus, daß sie die Freiheit nicht lange genießen konnten, sondern, von der Feuerwehr eingefangen, bei einem Imker landeten. Als ich Jahre später an der Mühle vorbeifuhr, standen die drei Beuten inmitten der Wiese verlassen und verrottet, stumme Zeugen eines einst pulsierenden Bienenlebens.

Was geblieben ist, ist die Erinnerung und die Hoffnung, daß es mir eines Tages wieder gelingen wird, einen Flecken Erde zu finden, wo ich neu anfangen kann, mit Bienen umzugehen; weiß eingekleidet, mit breitem Hut, Gesichtsschleier, gemütlich eine Pfeife paffend das geschäftige Treiben beobachtend.

Dieses Buch erscheint als Begleitbuch zu einer Fernsehsendung; beide, Buch und Film, verfolgen die Absicht, das Interesse am Umgang mit Bienen zu wecken. Es hört sich vielleicht ungewöhnlich an, aber man kann Bienen auch halten, ohne kommerzielle Ziele zu verfolgen. Der Aufwand des Imkers steht selten in einem günstigen Verhältnis zum erzielten Ertrag und Gewinn – der Honig im Supermarkt ist allemal billiger zu haben. Doch Bienen zu haben – *just for fun*? So etwas gibt es tatsächlich!

Mein Dank gilt Dr. Rainer Schöttle vom Ehrenwirth Verlag und der Biologin Angela Schmid, die während eines ganzen Jahres an der Filmdokumentation gearbeitet und die gesammelten Erfahrungen in dem vorliegenden Werk verarbeitet hat.

Dr. Hans H. von Wimpffen
Leiter der Redaktion Medizin des Bayerischen Rundfunks

Ein »Danke« an die Biene

Die Rolle der Biene in der Geschichte

Die Biene existiert bereits wesentlich länger als der Mensch. Die ältesten Nachweise stammen aus einer Zeit, als sich die Gebirge langsam aus der Erde erhoben und noch Sumpfwälder vorherrschten. Bereits vor 30 Millionen Jahren summten die ersten Bienen durch die Urweltlandschaft. Wie Bernsteinfunde beweisen, sah diese Urbiene der heutigen Honigbiene sehr ähnlich. Eingebettet in das versteinerte Baumharz, hat die Ahnin die Jahrmillionen heil überstanden. Sie ist das Zeugnis einer unglaublichen Standhaftigkeit gegenüber den Veränderungen der Natur, des Klimas – der gesamten Lebensbedingungen.

Vieles hat die kleine Überlebenskünstlerin gesehen und überstanden: Natürliche Feinde, wie Vögel und Säugetiere, verbreiteten sich langsam auf der Erde, die Eiszeiten kamen und gingen, und es sollte noch weitere 40 Millionen Jahre dauern, bis schließlich der Mensch Gestalt annahm. Die Biene hat die menschliche Art also von der Wiege an begleitet, und Honig war bis zur Verwendung von Rüben- und Rohrzucker in der heutigen Zeit vielleicht der einzige Süßstoff, den die Menschheit damals kannte. Von der Nutzung der Bienen existieren frühe Zeugnisse. In einer Höhle im spanischen Valencia wurde 1921 eine circa 12 000 Jahre alte Höhlenmalerei aus der Steinzeit entdeckt (Abbildung 1). Sie

Abb. 1: Diese circa 12 000 Jahre alte Höhlenzeichnung zeigt eine Frau beim Sammeln von Honig aus einem von Bienen bewohnten Felsenloch.

zeigt eine nackte Frau, die mit der bloßen Hand versucht, Honig aus einem Bienenfelsennest zu holen. Die gestörten Bienen umschwirren die menschliche Räuberin. Sicherlich war die Honigernte zu jener Zeit eine sehr schmerzhafte Angelegenheit.

Ägypter, Juden, Inder, Chinesen, Assyrer, Hethiter, Griechen, Römer und Germanen wußten bereits lange vor unserer Zeit von der Bienenzucht und vertrauten auf die heilende Wirkung ihrer Produkte. Die Biene ging mit ihrer unverzichtbaren Eingebundenheit in den Kreislauf der Natur, mit ihrer hochkomplexen sozialen Vernetzung im Inneren und ihren unschätzbaren Leistungen im Außendienst nicht nur im Laufe der Evolution als Siegerin hervor, sondern fand auch in der Mythologie alter Kulturvölker ihren Platz.

Die Entstehungsgeschichte der Bienen treibt seltsame Blüten: Der lateinische Name der Biene lautet »Apis«. In der ägyptischen Mythologie findet man das Analogon »Apis« oder »Hapi«. Die Geschichte, die mit diesen Wörtern verbunden ist, erklärt den Ursprung der Bienen aus der Sicht des Altertums. Das Wort »Apis« bezeichnet einen heiligen Stier, eine Verkörperung der Gottheit Osiris. Das Gottestier wurde mit Honigkuchen gefüttert, bis es schließlich geopfert wurde. Da der Apis-Stier ohne Blutvergießen getötet werden mußte, wurde er von den Priestern zu Tode geprügelt. Anschließend wurde der Kadaver des heiligen Opfertieres in einem Apis und Osiris geweihten »Serapeum« beigesetzt.

Zur Entstehung der Biene berichtet die Mythologie folgendes: »Sie entstammen dem Kadaver eines verendeten Stiers, der von jungen Männern mit Knüppeln erschlagen werden mußte, ohne daß dabei Blut fließen darf. Aus dem in einem fest verschlossenen Haus verwesenden Stieraas, dem nach rituellem Bienenschöpfungsrezept sämtliche Körperöffnungen zugestopft sein mußten, entwickelte sich nach 3 Wochen unter dem plötzlichen Zufluß von Frischluft ein Bienenschwarm. Die Königsbienen kommen laut Legende aus dem Gehirn und dem Rückenmark der Stiere, die anderen Bienen aus dem übrigen Fleisch.« (Wilhelm Rüdiger)

Daß die Könige der Bienen eigentlich Königinnen sind, war nach den damaligen Vorstellungen wohl nicht glaubhaft. Eine Fortsetzung findet die ägyptische Version der Stiergeburt der Bienen (Bugonie) durch den römischen Dichter und Schriftsteller Ovid: »Die Seele des Stiers geht zur Strafe, weil er so viele Pflanzen gefressen hat, in unzählige Bienenseelen über, welche die Pflanzen liebkosen, ohne sie zu verletzen.« Diese Vorstellung wurde bis ins 18. Jahrhundert für möglich erachtet.

Die Ägypter schätzten neben dem rituellen Wert auch den praktischen Nutzen der Biene und ihrer Produkte. Bereits vor circa 5 000 Jahren hielten sie die wehrhaften Insekten als »Haustiere« in tönernen Röhren (Abbildung 2). Diese Tonröhren konnten gestapelt und in Booten transportiert werden. So schwammen

Abb. 2: Bereits vor 5000 Jahren war in Ägypten die Bienenzucht bekannt. Damals wurden die Völker in Nilschlammröhren einquartiert.

die Völker mit ihren dunkelhäutigen Bienenvätern auf der Suche nach einem besonderen Futterplatz den Nil hinauf. Das Boot diente gleichzeitig als Waage – je mehr Tiefgang es aufwies, desto mehr Honig hatten die Völker bereits in ihren Röhren gehortet.

Die Honiginsekten fanden im Land der Pharaonen auch anderweitig Beachtung: Als Hieroglyphensymbol für den Pharao stand stellvertretend die Biene. Die Tatsache, daß sich der gottgleiche Herrscher als Insekt darstellen ließ, ist ein Beweis für den hohen Stellenwert, den die Ägypter diesem Tier beimaßen. Die Biene begleitete den König sogar über den Tod hinaus, da die königliche Leiche mit Propolis, dem Kittharz der Bienen, einbalsamiert wurde.

Im Alten Testament ist folgendes überliefert: Moses versprach den versklavten Juden beim Auszug aus Ägypten »ein Land, in dem Milch und Honig fließen«. Da die Juden den Wert und den Umgang mit den Bienen bereits von ihren ägyptischen Unterdrückern gelernt hatten, konnte dieses Versprechen nur bedeuten, daß fruchtbare Erde und Wohlstand auf sie warteten.

Die antibiotische Wirkung von Honig muß bereits sehr früh bekannt gewesen sein. Überlieferungen zufolge wurde Alexander der Große, in Honig gebettet, in seinem Sarg konserviert. Diese Methode stammt ursprünglich von den Assyrern und taucht später im Totenkult der Spartanerkönige wieder auf.

In unserem Kulturraum feierten die Germanen so manches Gelage, für das Met, ein alkoholhaltiges Getränk auf Honiggrundlage, zubereitet wurde. Metspuren in einem Gefäß im Grab des Mädchens von Egtved bei Hadersleben belegen, daß diese Tradition bereits über 3000 Jahre alt ist.

In der Antike stand die Biene als Symbol für Fruchtbarkeit und Nützlichkeit, sie repräsentierte gleichzeitig Solidarität und Herrschaftsanspruch und war das Wunschbild einer idealen Monarchie. So sah es zumindest Seneca, der Lehrer des römischen Imperators Nero. Immer wieder hielt er seinem egozentrischen Zögling die Tugenden der Bienen als leuchtendes Vorbild vor Augen. Nero würdigte jedoch die Bemühungen seines Lehrers nicht, im Gegensatz zu Napoleon, der die Biene als Herrschaftssymbol übernahm und auf sein Krönungsornat sticken ließ (Abbildung 3). Vermutlich überzeugte ihn weniger die Solidarität im Bienenvolk, vielmehr versuchte er seinen Herrschaftsanspruch durch die Übernahme des Hoheitssymbols eines alten fränkischen Herrschergeschlechts – der Merowinger – zu bekräftigen. 1653 hatte man im Grab des 482 verstorbenen Frankenkönigs Childerich I. aus der Merowinger-Dynastie einen mit 300 goldenen Bienen verzierten Mantel entdeckt

Ab dem 15. Jahrhundert erlebte die Waldbienenzucht im waldreichen Norden und Osten Europas eine Blütezeit. Auch in Deutschland hatte sich diese Form der Bienenwirtschaft eingebürgert, gleichzeitig entstand als eigenständiger Berufsstand die Zeidlerzunft. Ausgestattet mit einer eigenen Tracht und besonde-

Abb. 3: Napoleon im Krönungsornat (um 1804).

Abb. 4: Waldbienenzucht, wie sie im Mittelalter betrieben wurde. Zeidlerhochburgen waren der waldreiche Norden und Osten Europas sowie in Deutschland der Nürnberger Reichswald. Erst im 17. Jahrhundert erlebte die Zeidlerei ihren Niedergang.

ren Rechten, war der Zeidler ein Lehensträger, der seinem Dienstherrn gegenüber abgabepflichtig war. Das Nutzungsrecht der Zeidlerweiden wurde in der Regel vererbt. Darüber hinaus hatten die Zeidler ihre eigene Gerichtsbarkeit, die beispielsweise den Eigentumssachverhalt bei Bienenschwärmen oder das Strafmaß bei Diebstahl von Völkern regelte. Die Zeidlerei war eine hochentwickelte Form der Waldbienenzucht (Abbildung 4). Besondere Bienenbäume wurden auf der einen Seite mit einer Einflugöffnung versehen und auf der anderen Seite mit einem Brett verschlossen. Zur Honigernte wurden das Brett entfernt und einzelne Waben mit Hilfe des Zeidlermessers herausgebrochen. Für das Bienenvolk ließ man stets ausreichend Waben als Nahrung zurück.

1515 wurde erstmals amerikanischer Zucker in Spanien eingeführt. Durch den Import von Rohrzucker und die spätere Herstellung von Rübenzucker verlor der Honig seine zentrale Bedeutung als Süßungsmittel. Im Zuge der Reformation in deutschen Landen verringerte sich der immense Bedarf an Wachs, das jahrhundertelang für die Herstellung von Kirchenkerzen benötigt wurde. Folglich verloren die Bienenhaltung und die Zeidlerei an Bedeutung.

Apitherapie – Gesundheit aus dem Bienenstock

Bienenzucht hat in der Menschheitsgeschichte eine lange Tradition. Dabei blieb natürlich nicht verborgen, daß Bienenprodukte heilend wirken. Vieles wurde ausprobiert: Bienen wurden als Tee gekocht, zu Asche verbrannt und diese für ölige Einreibungen verwendet. In keltischen und germanischen Ländern wurden Augensalben aus Bienenasche und Honig hergestellt. In Honiglösung gekochte Bienen sollten Linderung bei Magen- und Darmerkrankungen bringen, mit Honig zerstampfte Bienenkörper wurden bei Haarausfall, Sterilität, Zahnschmerzen oder Menstruationsbeschwerden »verordnet«.

Jahrhundertelang hielt sich dieses »Wissen« als Erfahrungs- beziehungsweise Volksmedizin. Erst in den letzten 50 Jahren wurden die Inhaltsstoffe und Wirkmechanismen der Bienenprodukte von Forschern verschiedenster Disziplinen wissenschaftlich untersucht. Seither gewinnt die Apitherapie (Therapie durch Bienenprodukte) zunehmend an Bedeutung bei der Vorbeugung und Behandlung von Krankheiten.

Honig

Honig ist das beliebteste Bienenprodukt, von alters her ist er in der Volksmedizin bekannt. Für die Bienen ist der Honig Kohlenhydrat- beziehungsweise

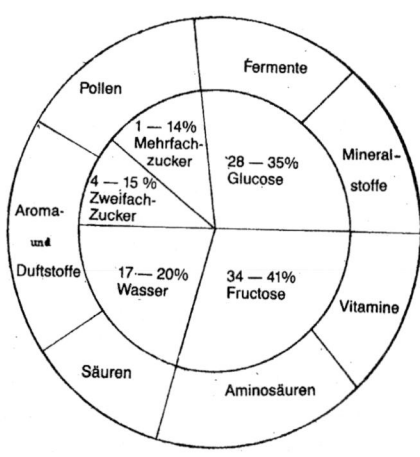

Abb. 5: Honig setzt sich aus über 100 Einzelkomponenten zusammen. Die meisten Inhaltsstoffe des Honigs sind im industriell hergestellten Rübenzucker nicht zu finden.

18

Abb. 6: Kleine Pflanzenparasiten (Lachniden) saugen Pflanzensaft aus dem Leitungssystem der Bäume. Der überflüssige zuckerhaltige Baumsaft wird als Honigtau ausgeschieden und von den Bienen zu Waldhonig verarbeitet.

Energielieferant – er ist neben dem Pollen der Lebensquell des Bienenvolkes (Abbildung 5). Für das eifrige Sammeln der Bienen ist nicht ein konkreter Hunger verantwortlich, sondern es ist ihnen ein instinktives Bedürfnis, in Zeiten des Überflusses Vorräte anzulegen, um im Winter nicht zu verhungern.

Wie entsteht Honig?

Honig stammt aus zwei verschiedenen Quellen. Der Nektar der Blütenpflanzen ist das Rohprodukt für den meist hellen Blütenhonig, Grundlage für den dunklen Waldhonig ist hingegen der Honigtau. Hinter dem Wort »Honigtau« verbirgt sich etwas gänzlich Unerwartetes: Kleine pflanzensaftsaugende Lausarten (Lachniden und Lecanien) sind in der Lage, die Saftbahnen von Bäumen anzuzapfen und den Baumsaft zu trinken. In diesen Bahnen werden Stoffwechselprodukte – hauptsächlich Zucker – transportiert, die durch Photosynthese in den Blättern entstanden sind. Um den Bedarf an anderen Bausteinen, zum Beispiel Eiweiß, zu decken, muß die Laus sehr viel von dem süßen Baumsaft aufnehmen. Unverwerteter Zucker sammelt sich am Körperende der Laus in Form einer klaren Perle als Honigtau. Die Bienen lecken die süßen Perlen begierig auf und verarbeiten diesen Grundstoff weiter zu Waldhonig (Abbildung 6).

Nektar oder Honigtau werden geschluckt und zunächst im Honigmagen zwischengelagert. Der Honigmagen ist ein eingebautes Sammelgefäß mit einem Fassungsvermögen von circa 0,069 Gramm Nektar (nach VON FRISCH). Die Verarbeitung des sehr dünnflüssigen Rohproduktes zu Honig beginnt bereits im Honigmagen. Der Nahrung werden Wasser entzogen und Enzyme sowie organische Säuren zugesetzt. Anschließend fliegt die Biene schwerbeladen zum Stock zurück, um abzuladen. Hier wird der Nektar tröpfchenweise hochgeholt und einer Stockgenossin übergeben. Diese befördert den überreichten Nektar mehrmals zur Rüsselspitze hin und wieder zurück, damit möglichst viel Wasser verdunstet. Gleichzeitig werden aus speziellen Drüsen im Kopf der Biene Enzyme und andere Stoffe zugefügt. Der Wassergehalt muß schließlich von 78,8 Prozent im Nektar auf circa 21 Prozent im fertigen Honig schrumpfen, denn wenn der Honig zu flüssig ist, beginnt er zu gären und wird unbrauchbar. Anschließend wird der Nektar in Vorratszellen eingelagert, die mit einem dünnen Wachsdeckelchen verschlossen werden. Unter dem Einfluß der Enzyme aus dem Bienenkörper geht die Verwandlung in der verschlossenen »Speisekammer« weiter. Oxidasen, Reduktasen, Katalasen, Diastasen, Phosphatasen und Invertasen bewirken nach einer Reifedauer von 3 bis 4 Wochen die Fertigstellung eines hochwertigen Honigproduktes.

Honig ist im dunklen Stock einer Temperatur von 35 C ausgesetzt. Unter diesen natürlichen Bedingungen sind die Inhaltsstoffe optimal wirksam. Man sollte daher Honig nicht erhitzen und ihn vor Licht schützen. Kälte wird dagegen gut vertragen, selbst im Gefrierfach verliert Honig seine Wirksamkeit nicht. Zur Lagerung empfiehlt sich ein kühler, dunkler Raum.

Heilwirkung

Honig ist ein reichhaltiges Nahrungsmittel. Die Wirkung des Honigs hängt in hohem Maße vom Nektar der jeweiligen Pflanzen ab. Viele der biologisch aktiven Stoffe kommen zwar nur in geringen Mengen im Honig vor, sie zeigen aber bei langfristiger Anwendung eine Wirkung.

In vielen Fällen bewährt sich eine Honigtherapie. Da die Verdauungssekrete der Biene im Honig aktiv sind, können sie den menschlichen Organismus bei der Verdauung seiner Nahrung unterstützen. Honig enthält Vitamine; er ist somit ein hervorragendes diätisches Lebensmittel, das den Körper bei Verdauungstätigkeiten entlastet und Mangelerscheinungen ausgleicht. Besonders hilfreich ist er für den geschwächten Körper, der schnell wieder zu Kräften kommen soll. Honig schmeckt zwar süß, es handelt sich aber nicht um gewöhnlichen Haushaltszucker. Die süße Bienennahrung enthält hauptsächlich Monosaccharide, wie Frucht- und Traubenzucker, die sofort ins Blut aufgenommen werden können. Wenn ein niedriger Blutzuckerspiegel abnehmende Konzentrations- und Muskelleistung zur Folge hat, kann etwas Honig schnell Abhilfe schaffen. Honig ist bestens als Ausgleich bei körperlicher oder geistiger Anstrengung geeignet. Tausendfach bestätigt hat sich sein positiver Einfluß auf Leber und Herz. Da Honig durchblutungsfördernd wirkt, hilft er bei Kreislaufstörungen. Honig wirkt schleimlösend und unterstützt die körpereigene Immunabwehr im Kampf gegen Erkältungskrankheiten – lauwarme (keine heiße) Milch mit Honig hat sich bei Grippe und Infektionen der Atemwege bewährt. (Man darf Honig nicht über 35 C erwärmen, da ansonsten seine wertvollen Inhaltsstoffe zerstört werden.)

Man sagt dem Honig Wundheilungskraft nach. In osteuropäischen Ländern, zum Beispiel Rumänien, Bulgarien, Polen, wird auch heute noch Honig in Kliniken angewendet. Unverdünnt auf eine Wunde aufgetragener Honig führt zu Blut- und Lymphandrang, da der hohe Zuckergehalt Wasser anzieht. Die Wunde wird auf diese Weise »ausgewaschen«. Durch die antibiotische Wirkung des Honigs wird gleichzeitig die Gefahr einer Wundinfektion verringert. Die im Pollen enthaltenen Flavonoide fördern die Zellregeneration und damit die Wundheilung. Die Fähigkeit zur Zellregeneration steigt demnach mit einer Verunreinigung des Honigs mit zufällig eingetragenem Pollen. »Sauberer« Honig enthält nur wenig Flavonoide.

Pollen

Pollen sind die staubähnlichen, gelb bis rot gefärbten männlichen Keimzellen der Blütenpflanzen. Sie befinden sich in den Staubbeuteln der Blüte.

Während der Honig die Energiequelle für die Bienen darstellt, ist der Pollen der Eiweißlieferant. Selbst wenn Honig im Überfluß vorhanden ist, kann die Brut ohne Pollen nicht gedeihen. Ohne Pollennahrung haben die Ammenbienen zum einen nicht mehr die »Kraft«, ausreichend Futtersaft zu produzieren, zum anderen benötigen die älteren Larven Eiweißfutter für ihre Entwicklung.

Wie wird Pollen gesammelt?

Da es nicht einfach ist, »Staub« einzusammeln, wendet die Arbeiterin einen Trick an: Sie füllt etwas Honig in ihren Honigmagen, bevor sie losfliegt. Auf einer geeigneten Blüte ist sie schnell mit Pollen »eingestäubt«. Mit einem speziellen »Bürstchen«, einer anatomischen Besonderheit der Honigbienen-Hinterbeine, holt sie den Pollen aus ihrem Haarkleid. Anschließend vermengt sie ihn mit etwas mitgebrachtem Honig und formt daraus zwei kleine Kugeln, die schließlich in den Körbchen der Hinterbeine befestigt werden (Abbildung 7). Im Stock werden die beiden Pollenpakete in einer Vorratszelle abgeladen und von einer Jungbiene mit dem Kopf festgedrückt. Bevor die Zelle verdeckelt wird, wird der Pollen bei guter Tracht noch mit einer Schicht Honig überdeckt.

Heilwirkung

Frau Dr. Pavlina Potschinkova schreibt in ihrem Buch »Bienenprodukte in der Medizin« über den Nährwert des Pollens: »Die in dem Pollen enthaltenen Proteine übertreffen den Gehalt der Proteine in den Samen und Körnern der Getreidekulturen. In ein und demselben Gewicht enthält der Pollen gegenüber dem Rindfleisch fünfmal mehr Phenylalanin und Tryptophan und dreimal mehr als der Käse. Das will sagen, daß, wenn keine anderen Nahrungsmittel mit Gehalt an Aminosäuren vorhanden wären, eine Dosis von 15 Gramm Pollen den täglichen Bedarf des Organismus decken könnte.« Die hohe Proteindosis ist besonders bei Erschöpfungszuständen, in der postoperativen Erholungsphase, bei Altersschwäche, bei verzögertem Wachstum oder Appetitlosigkeit sinnvoll einsetzbar.

Für Pollen trifft das gleiche zu wie für Honig: der biologische Wert des Pollens hängt im wesentlichen von der Pflanze ab, von der die Pollen stammen. Neben reichlich Aminosäuren enthalten Pollen Vitamine, Spurenelemente, antibiotisch wirksame Substanzen und Flavonoide.

Insbesondere die letzte Stoffgruppe zeigt ein breites medizinisches Wirkungsspektrum. Da Flavonoide laut Dr. Potschinkova den Blutcholesterinspiegel senken, sind sie zur Prophylaxe und Behandlung der Arteriosklerose geeignet. Aufgrund ihrer spasmolytischen Eigenschaften wirken Flavonoide mildernd bei Krämpfen der glatten Darm- und Magenmuskulatur. Der geringfügig antibiotisch wirkende Pollen unterstützt die Regulierung der Darmflora.

Rumänische Ärzte haben in Tierversuchen festgestellt, daß mit Pollen gefütterte Tiere 10 bis 15 Prozent mehr rote Blutkörperchen aufweisen als Vergleichstiere. Diese gesteigerte Blutbildung tritt auch beim Menschen auf; sie ist auf Mineralstoffe und Spurenelemente zurückzuführen, die im Pollen enthalten sind. Pollen sollte stets in einem gut verschlossenen Gefäß trocken gelagert werden. Bei Feuchtigkeit beginnt er bald zu schimmeln. Verschimmelter Pollen ist gesundheitsschädlich! Außerdem reagieren manche Menschen allergisch auf die Einnahme von Blütenpollen.

Weiselfuttersaft (Gelée royale)

Die Bienenkönigin heißt in der Fachsprache »der Weisel«. Weiselfuttersaft ist also die Nahrung, mit der die Königin ernährt wird. Dieser Futtersaft ist ein Sekret der Futtersaftdrüsen im Kopf der jungen Arbeitsbienen. Als Ammenbienen sind sie in einem bestimmten Lebensabschnitt für die Fütterung der Larven zuständig.

In den ersten 3 Tagen nach Verlassen des Eies werden alle Bienenlarven mit diesem Futtersaft gefüttert. Anschließend entscheiden die Ammenbienen, was aus den einzelnen Larven werden soll. Arbeitsbienen und Drohnen werden ab dem 3. Tag mit einer Honig-Pollen-Mischung weiterverpflegt. Nur eine Larve wird weiterhin ausschließlich mit Weiselfuttersaft gefüttert – aus ihr entwickelt sich später eine Königin.

Was die Menschen aber an das »Wundermittel« Weiselfuttersaft glauben ließ, sind das Alter und die Leistungsfähigkeit einer Königin gegenüber einer normal entwickelten Arbeiterin. Der hochwertige Weiselfuttersaft versetzt die Stockmutter in die Lage, im Laufe eines Sommers circa 1500 bis 3000 Eier pro Tag zu legen, was die Masse ihres eigenen Körpergewichtes übersteigt. Trotz aller Anstrengungen wird die Königin mehr als 10mal älter als ihre Arbeiterkinder! Es ist daher kein Wunder, daß über diesen wunderbaren Königinnenfuttersaft viel spekuliert und geschrieben worden ist. Interessant ist die Frage, ob Gelée royale auch das menschliche Leben verlängern kann.

Das Magische ist ein wenig verblaßt, seitdem man die Zusammensetzung dieses phantastischen Lebenselixiers analysieren kann: Der frische Futtersaft ist eine sämige, weißliche Masse mit bitterem Geschmack und etwas moderigem Geruch. Die Zusammensetzung ist vom Alter der Futtersaftproduzentin und von der Bienenrasse abhängig. Gelée royale ist besonders reich an Vitaminen, wobei die Pantothensäure besonders konzentriert vorliegt. Zusätzlich sind geringe Mengen an Vitamin A, C, D und E nachweisbar. Spurenelemente, wie Eisen, Mangan, Zink, Kobalt, und die nur in Gelée royale vorhandene Deka-

Oxydecensäure (Bestandteil von Antitumorpräparaten) bereichern den Weiselfuttersaft. Darüber hinaus enthält das königliche Futter 22 Aminosäuren in hoher Konzentration, zudem ist sie fettreicher als Kuh- oder menschliche Muttermilch. Weiterhin sind verschiedene biologisch aktive Stoffe nachweisbar. Im Weiselfuttersaft sind demnach alle für den Menschen notwendigen Bausteine reichlich enthalten.

Heilwirkung

Es folgt eine kurze Beschreibung der Ergebnisse aus einer Versuchsreihe der beiden Wissenschafter P. PEISCHEV und G. TAWNSEND: »Der Futtersaft als Zusatz zum Futter der Versuchstiere erhöht den Appetit, die Menge des roten Blutfarbstoffes und die Anzahl der roten Blutzellen. Die Versuchstiere wachsen schneller, leben länger (im Durchschnitt 17 Prozent) und sind den äußeren Einflüssen gegenüber widerstandsfähiger als die Kontrolltiere.« Tawnsend stellte fest, »daß der Futtersaft die Tätigkeit der Geschlechtszellen erhöht. Die Versuchstiere (Hühner) verdoppeln ihre Legeleistung. Alte Hennen, die bereits aufgehört haben, Eier zu legen, beginnen von neuem, Eier zu legen. ... und daß der Futtersaft ... zur Verdoppelung ihrer Lebensdauer führt.«
Der Weiselfuttersaft hat keine spezifische Wirkung auf den Körper, er hat vielmehr eine allgemein stimulierende Funktion. Anhand von langwierigen klinischen Beobachtungen und Tierversuchen kamen DR. POTSCHINKOVA und ihre Kollegen zu folgenden Ergebnissen: Der Futtersaft hat eine ausgeprägte immunregulierende Wirkung bei rheumatoider Arthritis, primärer Glomerulopathie, autoimmun-hämolytischer Anämie, Bronchialasthma usw., bewirkt eine Senkung des Blutzuckerspiegels bei Diabetes-Patienten, hilft bei Störungen im Klimakterium, bei Appetitlosigkeit bei Kindern und beschleunigt die Rekonvaleszenz. Argentinische Wissenschaftler fanden bei Kaninchen eine deutliche Senkung des Blut-Cholesterinspiegels.

Dosierung

Weiselfuttersaft darf nicht überdosiert werden, da ansonsten Erbrechen, Magenschmerzen oder Durchfall auftreten können. Gelée royale wird in Honig konserviert: Hierzu 5 Gramm frischen Futtersaft mit 150 Gramm Honig mischen und davon jeden Tag einen Teelöffel auf nüchteren Magen einnehmen (nach DR. POTSCHINKOVA). Die Dauer der Kur sollte 2 bis 3 Monate betragen. Gelée royale sollte bei 14 bis 15 C lichtgeschützt gelagert werden.

Propolis (Kittharz)

Propolis zählt zu den wertvollsten aller Bienenprodukte. Sie verfügt über eine breite Palette biologischer Wirkungen – sie ist Antibiotikum, Virustatikum und Fungizid. Propolis wirkt demnach als einer der wenigen Naturstoffe gleichzeitig gegen Bakterien, Viren und Pilze und ist zudem für den Menschen bei mäßiger Anwendung unschädlich. Die Bienen haben die Jahrmillionen auf der Erde nur deshalb überlebt, weil sie sich wirkungsvoll gegen Feinde von außen wehren konnten. Da bis zu 60 000 Bienen auf engstem Raum zusammenleben und dadurch der Übertragung von Krankheiten Tür und Tor geöffnet ist, versuchen die Bienen, das Eindringen von Krankheitskeimen ins Stockinnere zu verhindern. Sie kitten sämtliche Ritzen im Stock mit Propolis ab, wodurch das Volk gegen Zugluft sowie Kälte geschützt ist und gleichzeitig unliebsamen Krankheitserregern der Zutritt verwehrt wird (Abbildung 8).

Hornissen, die in den Stock eindringen, werden an Ort und Stelle angegriffen und wenn möglich getötet. Zum Schutz vor den mikrobiellen Folgen der Verwesung, wird der Kadaver mit Propolis überzogen – der Feind wird somit mumifiziert, und die Gefahr ist gebannt.

Abb. 8: Den Bienen wurde das Flugloch zu groß. Propolis ist ein harziges Baumaterial, mit dem Löcher verstopft und Krankheitserreger abgewehrt werden können.

Abb. 8a: Pflanzenharz, der Grundstoff für Propolis, wird von den Arbeiterinnen gehöselt und ähnlich wie Pollenpakete im Körbchen der Hinterbeine transportiert.

Wie wird Propolis gewonnen?

Propolis ist ein Mischprodukt aus Pflanzenharzen und Sekreten des Bienenkörpers. Das Harz wird von den Arbeiterinnen bei Bedarf gehöselt und in den Stock eingetragen (Abbildung 8a).

Heilwirkung

Im Rohzustand hat Propolis eine braun-gelb-schwarz-rötliche Farbe und eine harzig-klebrige, feste Konsistenz. Sie riecht angenehm und schmeckt aromatisch-bitter.

Das Kittharz der Bienen besteht hauptsächlich aus pflanzlichen Harzen, ätherischen Ölen, Flavonoiden, Pollen, Mineralstoffen, Spurenelementen und organischen Säuren. Da es weder Eiweiß noch Fett und nur vergleichsweise wenig Vitamine enthält, hat Kittharz als Nahrung keine Bedeutung.

Wie bei allen Bienenprodukten pflanzlichen Ursprungs sind die speziellen pflanzlichen Eigenschaften auch in Propolis wiederzufinden: Harze haben eine Schutzfunktion für höhere Pflanzen. Bei Verletzungen verschließen sie die Wunde möglichst schnell, um eine Keimbarriere nach außen hin aufzubauen. Bereits eingedrungene Mikroorganismen werden abgetötet, und gleichzeitig wird die Regeneration des Gewebes stimuliert. Eine analoge Wirkung zeigt Propolis als Heilmittel: sie wirkt entzündungshemmend und bakterizid, unter anderem gegen Salmonella typhi (Erreger des Typhus), hilft bei Pilzinfektionen, zum Beispiel bei Candida-albicans-Erkrankungen, und wirkt gegen Grippeviren oder Herpes-simplex-Viren.

Laut Dr. Potschinkova unterdrückt Propolis die Entwicklung von krankhaftem Gewebe (zum Beispiel Tumoren) und fördert gleichzeitig die Regeneration von gesunden Zellen nach Verletzungen. Kittharz sei daher zumindestens zur Unterstützung der Wundheilung bestens geeignet. Außerdem sei bekannt, daß die schmerzstillende Wirkung des Kittharzes die des Kokains um das 3,5fache übertreffe.

Erst seit kurzem ist die besonders hohe Wirksamkeit von Propolis im Mund-Rachen-Raum bekannt. Sie wird zur Desinfektion bei Entzündungen und zur Parodontosebehandlung eingesetzt.

Für medizinische Anwendungen wird möglichst reines Kittharz in 64,5prozentigem Alkohol (Ethanol) bis zur Sättigung gelöst und dann als Tinktur eingenommen oder äußerlich angewendet. Da deutsche Imker nur rohe Propolis und Propolislack (Holzschutzmittel) verkaufen dürfen, sollte man für medizinische Anwendungen auf Fertigprodukte aus der Apotheke zurückgreifen. Eine gesättigte Propolistinktur ist als Urtinktur für homöopathische Zwecke erhältlich.

Dosierung

20 bis 40 Tropfen einer Alkoholtinktur (10- bis 30prozentig) in einem Löffel warmem Wasser auflösen oder auf einen Würfelzucker träufeln (nach Dr. Potschinkova). Das Mittel dreimal täglich ein bis eineinhalb Stunden vor dem Essen einnehmen.

Propolis darf wie jedes andere Heilmittel auch nicht überdosiert werden. Da manche Menschen zu einer erhöhten Empfindlichkeit gegenüber Propolis neigen, sollte man die Kittharztinktur vor einer Anwendung als Heilmittel in geringen Mengen auf Verträglichkeit testen.

Nach dem folgenden Rezept kann eine Salbe für die äußerliche Anwendung hergestellt werden (nur für den Eigenbedarf): 100 Gramm Salbengrundlage (zum Beispiel Lanolin/Vaseline im Verhältnis 8:2) mit 10 bis 20 Milliliter gesättigter (circa 30prozentiger) Propolistinktur mischen. Das Gemisch so lange warm halten und rühren, bis der Alkohol verdampft ist. Die entstandene Salbe (3- bis 6prozentig) wird lichtdicht abgepackt.

Bienengift

Das Bienengift ist eine wirkungsvolle Waffe, mit der die Bienen ihre Vorräte verteidigen. Jeder, der in die Nähe des Stockes kommt, läuft Gefahr, gestochen zu werden. Der Stich kann zwar äußerst schmerzhaft sein, das Gift kann aber auf den gesamten Körper eine sehr positive Wirkung haben. Manche Menschen reagieren jedoch auf Bienengift allergisch, was sich in einer starken Schwellung der Einstichstelle, Juckreiz, Krämpfen, Übelkeit und Erbrechen bis hin zu starkem Blutdruckabfall mit Schwindel und Ohnmachtsanfällen äußert. Bei solch schweren Reaktionen hilft nur die rasche Gabe von entsprechenden Arzneimitteln unter ärztlicher Aufsicht.

Heilwirkung

Die Heilwirkung des Bienengiftes ist in der Volksmedizin seit dem Altertum bekannt und wurde durch viele wissenschaftliche Untersuchungen in den letzten Jahren abgesichert. Bienengift ist farblos und weist einen bitteren Geschmack auf. Im menschlichen Körper wirkt es insbesondere auf das Nervensystem und die Blutgefäße. Die Erstreaktion erfolgt an der Einstichstelle: der Körper reagiert auf den Giftreiz mit einer Schwellung und verstärkter Durchblutung. Diese Reaktion erfüllt vor allem eine Schutzfunktion für den Körper, nebenbei werden aber durch den starken Blutandrang auch abgelagerte Abfallstoffe oder Entzündungsprodukte abtransportiert. Aufgrund dieser Wirkung wird Bienengift seit langem als wirksames Heilmittel bei rheumatischen Erkrankungen eingesetzt.
Bienengift hat zudem eine experimentell belegte Wirkung auf das menschliche Nervensystem. Seine schmerzstillende Wirkung übertrifft sogar jene von Aspirin.
Kortison, das Hormon der Nebennierenrinde, weist hervorragende antientzündliche Eigenschaften auf. Es gibt Hinweise darauf, daß durch den Bienenstich die Produktion körpereigener Kortikoide stimuliert wird, wodurch es zum Abklingen der Entzündung kommt.
Bienengift soll darüber hinaus blutdrucksenkend wirken, und schließlich wird es zur Behandlung von Atherosklerose und zur Prophylaxe von Embolien eingesetzt. Die Therapie mit Bienengift erfolgt in einigen Ländern wie den GUS-Staaten oder Japan mit wenig Rücksicht auf die Schmerzen des Patienten: die lebenden Bienen werden so lange gequetscht, bis sie in das gewünschte Körperteil stechen – bei einer Dosierung von 25 bis 30 Stichen pro Tag gleicht dies einem Alptraum. Weniger radikale Methoden stellen das Injizieren standardisierter Bienengiftpräparate unter die Haut in die unmittelbare Nähe der schmerzenden Stelle oder die äußere Anwendung von Bienengiftsalben dar.
Die Behandlung mit Bienengiftpräparaten ist bei Menschen mit einer entsprechenden Allergie nicht zu empfehlen!

Traurig sähe die Welt ohne Bienen aus

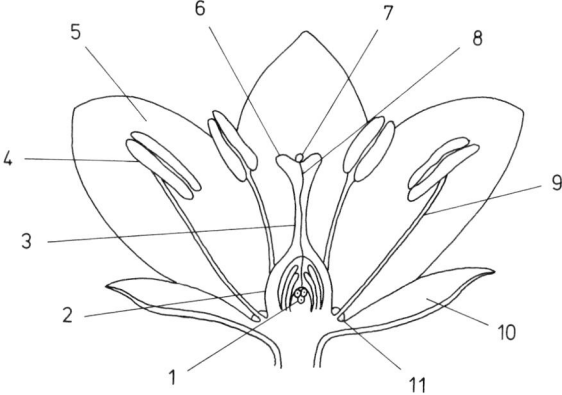

1 Samenanlage, 2 Fruchtknoten, 3 Griffel, 4 Staubbeutel, 5 Kronenblatt, 6 Narbe, 7 Pöllenkorn, 8 Pollenschlauch, 9 Staubfaden, 10 Kelchblatt.

Bienen leisten die Hauptbestäubungsarbeit in Feld, Flur und Garten. Bis zu 80 Prozent unserer Blütenpflanzen werden von Bienen bestäubt (Abbildung 9). Natürlich tragen auch Fliegen, Käfer, Schmetterlinge und Hummeln zur Bestäubung bei. Käfer und Fliegen bevölkerten bereits lange vor den Bienen die Welt, auch heute noch betreiben sie eine sehr urtümliche Form der Bestäubung. Mit ihrem kurzen Rüssel können sie nur flache Blüten bestäuben, in denen der Nektar leicht zugänglich ist. Schmetterlinge und Hummeln sind hingegen Spezialisten, auf die sich bestimmte Pflanzen eingerichtet haben. So gelingt es nur der schweren Hummel, den raffinierten Bestäubungsmechanismus des Wiesensalbeis auszulösen. Blüten mit besonders langen und schmalen Blütenkelchen können nur von Schmetterlingen mit ihrem langen Rüssel bestäubt werden.
Die meisten Blütenpflanzen haben sich jedoch auf die Bienen eingerichtet. Über geheime Zeichen leiten sie die Besucherinnen an den Pollen vorbei zur Nektarquelle. Es handelt sich um Zeichen, die vor allem auf das Seh-, Riech- und Tastvermögen der Biene abgestimmt sind. Man nimmt heute an, daß sich Bienen und Blüten durch die starke Abhängigkeit im Laufe der Jahrmillionen gegenseitig geformt haben. Die Blüten haben sich auf das Farben- und Formensehen des Honiginsekts eingestellt, der Pollen wurde klebrig, damit ihn die Biene leichter transportieren kann. Die Biene hat im Gegenzug ein Pelzchen ent-

wickelt, in dem der Pollen hängenbleibt und den Stempel der nächsten Blüte bestäuben kann. Selbst die Anatomie der Honigbienen hat sich im Laufe der Zeit perfekt angepaßt. An den Hinterbeinen der heutigen Honigbiene findet man spezielle Pollensammelvorrichtungen, wie Bürstchen, Körbchen und Kamm, die den Transport der winzig kleinen Pollenkörner ermöglichen. Und auch bestimmte Verhaltensformen der fleißigen Besucherin kommen den Bedürfnissen der Pflanzen sehr entgegen. Die Biene ist »blütenstet«, das heißt, sie fliegt so lange die Blüten einer Art an, bis der letzte Rest abgeblüht ist. Beim Auffinden der Pflanzen wird sie von ihrem Gedächtnis für Farben und Formen unterstützt. Mit diesem Verhalten wird sichergestellt, daß der Pollen im Haarkleid von Pflanzen derselben Art stammt, was für eine erfolgreiche Befruchtung unbedingt erforderlich ist.

Ohne Bienen würden sich Flora und Fauna innerhalb weniger Jahrzehnte dramatisch verändern: Es gäbe kaum noch Obst, keine Äpfel, Birnen, Pflaumen, Kirschen, kaum noch Beerensträucher, keine Himbeeren, Brombeeren, Heidel- und Preiselbeeren. Garten- und Wildblumen wären verschwunden, Löwenzahn, Klatschmohn, Kornblume, Kamille, Gänseblümchen, Rainfarn, Taubnessel oder Ringelblume würden nicht mehr die Wegränder zieren. Davon unberührt blieben die sogenannten Windbestäuber, die schon vor den Bienen die Erde bevölkerten. Dazu zählen vor allem Gräser und Nadelbäume (Abbildung

Abb. 10: Gräser sind Windbestäuber. Ihre kleinen, unscheinbaren Blüten produzieren immense Mengen an Pollen, die durch den Wind zum Stempel einer anderen Graspflanze transportiert werden.

Abb. 11: Leuchtende Farben würden ohne Bienen aus der Natur verschwinden. Wo heute wilde Blütenpflanzen stehen, könnten auf Dauer nur Gräser und wenige Selbstbestäuber überleben.

10). Diese Pflanzengruppen produzieren Unmengen von Pollenkörnern, die vom Wind vertragen werden, irgendwo auf einer gleichartigen Pflanze landen und diese bestäuben. Im Frühsommer fliegen die Pollen zur Pollenflugzeit an schönen Tagen in solchen Massen durch die Luft, daß sich auf Fensterbrettern oder Autofenstern ein staubiger gelber Film bildet. Diese Abermilliarden von männlichen Pflanzenkeimzellen stammen hauptsächlich von Windbestäubern. Dieses Prinzip funktioniert gut, wenn gleichartige Pflanzen in Gruppen zusammenstehen. Wenn sich jedoch viele andersartige Pflanzen dazwischen befinden, bleiben die Pollen an diesen pflanzlichen Hindernissen hängen, und die Chancen für eine Bestäubung sinken.

Ohne die Bestäubungsarbeit der Bienen würden fast nur noch Wind- und Selbstbestäuber unsere Landschaften prägen – es würde ein Bild aus längst vergangenen Zeiten entstehen: Einfarbig grüne oder braune Grasmeere wogten auf den Fluren, keine bunten Blütentupfen sorgten dazwischen für Abwechslung (Abbildung 11). Nadelbäume dominierten das Erscheinungsbild der heimischen Wälder. Das armselige Land könnte seine Bewohner kaum mehr ernähren, da Bohnen, Kürbisse, Paprika, Auberginen, Zucchini, Knoblauch, Kohl, Mohrrüben, Kümmel, Dill, Petersilie, Salat, Zichorie oder Schwarzwurzel die Bienen zur Samenbildung brauchen. Inzwischen setzen Gemüsebauern in ihren Treib-

31

häusern gezielt Insekten ein, damit die Bestäubung effektiver wird und sich der Ertrag steigert.

Vögel und andere Vegetarier der freien Wildbahn, die auf Früchte oder bestimmte Körner angewiesen sind, müßten verhungern. Wichtige Futterpflanzen fürs Vieh fehlten. Arten, die noch gedeihen würden, wären für Wiederkäuer schwer verdaulich, da die Honigbiene zusammen mit den Pollen auch kleine Mikroorganismen von einer Pflanze zur anderen überträgt. Im Nektar vieler Blüten ist eine in Kreuzform wachsende, vom Bienenrüssel übertragene Hefe enthalten. Diese Kreuzhefe trägt dazu bei, daß im Wiederkäuermagen aus stickstoffhaltigen Verbindungen in der Nahrung lebensnotwendiges Eiweiß aufgebaut werden kann. »Ohne Biene wäre also die Milch weniger und schlechter, Käse und Butter ebenfalls.« (DR. E. HORNSMANN)

Man kann die Rolle der Honigbiene als Schützerin unserer einheimischen Flora und Fauna und als Bewahrerin vor Hungersnot gar nicht hoch genug einschätzen. Aus diesem Grund forderte der Blütenökologe CHRISTIAN SPRENGEL schon vor nahezu zwei Jahrhunderten: »Der Staat muß ein stehendes Heer von Bienen haben!«

Das Leben der Biene

Eingangs ein Wort vom Autor der Schriftenreihe des Deutschen Imkerbundes, DR. ERICH HORNSMANN: »Wer in der heutigen so schnellebigen und turbulenten Zeit das Staunen verlernt hat, hier vor den Bienen, vor diesen kleinen Geschöpfen, kann er es wieder lernen. Hier weht ihn ein Hauch von der Größe der Schöpfung an.«

Der Organismus der Bienen ist gänzlich anders aufgebaut als der menschliche Körper. Insekten haben keine Adern; ihr Blut ist farblos und umspült die Organe wie Wasser eine Insel; sie haben keine Lunge, sondern pumpen ihre Atemluft durch ein weitverzweigtes Rohr- beziehungsweise Tracheensystem. Das »Bienen-Rückenmark« befindet sich nicht am Rücken, sondern auf der Bauchseite; das Herz, sofern eines vorhanden ist, liegt dort, wo beim Menschen die Wirbelsäule zu finden ist. Ein Insekt besitzt keine Knochen, die seinen Körper in Form halten könnten. Die Stützfunktion hat ein harter Außenpanzer übernommen, ein sogenanntes Exoskelett, im Gegensatz zum menschlichen Knochen- oder Endoskelett. Bildlich betrachtet ist ein Insekt mit einem Pudding in der Schüssel vergleichbar. Wenn man den Chitinpanzer entfernte, bliebe ein gestaltloses Etwas zurück. In den folgenden Kapiteln wird die Welt dieser andersartig konstruierten Lebewesen beschrieben, um ein wenig Licht in das Dunkel eines Bienenstocks zu bringen.

Die Einzelgängerin Wildbiene

Bienen gehören neben Wespen, Hummeln und Ameisen zur sehr artenreichen Ordnung der Hymenoptera (Hautflügler). Wer von der Biene erzählt, denkt meist nur an die Honigbiene. Nur wenige wissen von den circa 20 000 Bienenarten, die die Erde bevölkern. Die kleinsten sind kaum 1,5 Millimeter lang, die größten messen über 4 Zentimeter. Auch die Farbe differiert stark, Bienen weisen einmal rote Beinchen oder gelbe Höschen, dann wieder schillernd grüne Leibchen bis hin zur einfarbig schwarzen Trauertracht auf. Am faszinierendsten sind jedoch die Verhaltensunterschiede innerhalb der Bienenverwandtschaft. Dabei ist die Honigbiene in vielerlei Hinsicht eine Ausnahme. Zwar sind alle Bienen Vegetarier, die sich von Pollen und Nektar ernähren, aber beileibe nicht alle Bienenarten liefern Honig. Auch die ausgeprägte Brutpflege und die Spezialisierung im Honigbienenstaat sind einmalig.

Die meisten Wildbienenarten leben nicht in großen Gemeinschaften, sondern solitär, das heißt allein in einem eigenen Haus. Für einen »Single« kann das Haus ruhig ein Häuschen sein, ein großartiger Wabenbau und eine umfangreiche Vorratshaltung sind nicht notwendig. Die Sandbiene lebt beispielsweise in Erdlöchern im Boden, die Holzbiene, eine sehr große schwarze Verwandte, nistet in totem Holz, die Mauer- und Mörtelbienen leben in Ritzen alter Gemäuer oder kleben harte Mörtelzellen an den Stein.

Die weiblichen Geschlechtsorgane der allein lebenden Wildbienenarten sind voll entwickelt; jedes Wildbienenweibchen sucht sich einen Drohn und kann nach der Hochzeit befruchtete Eier legen. Eine Königin ist zur Fortpflanzung nicht nötig. Frau Wildbiene ist Alleinversorgerin, sie produziert Eier, besorgt das Brutgeschäft und sammelt Nahrung. Besondere Sammelvorrichtungen, wie Pollenkamm und Körbchen, sind jedoch der Honigbiene vorbehalten. Wildbienen kennen diese anatomische Besonderheit nicht und transportieren ihre Pollennahrung auf die abenteuerlichste Weise – die Holzbiene im Kropf, andere Arten am Bauch oder mit Hilfe einer starken Hosenbehaarung, an der Futterpollen haftenbleibt.

In der wilden Verwandtschaft der Honigbiene gibt es Ansätze von Staatenbildung. Bei Schmalbienen treten im Frühjahr, wenn der Tisch reich gedeckt ist, einige sterile Weibchen auf, die die jungen Larven im Nest etwas füttern.

Die Kegelbiene ist als »Kuckuck« eine Kuriosität unter den Wildbienen. Sie legt ihr Ei ins Nest der Blattschneiderbiene. Die Kuckuckslarve schlüpft als erste, zerstört das Ei der Hausherrin, frißt deren Futtervorrat auf und wächst heran, ohne daß die leibliche Mutter viel Arbeit mit ihrem dreisten Sprößling hat.

Es gibt sie, den Traum mancher Imker, die stachellose Biene. Es gibt sogar mehrere hundert verschiedene Arten, die in den Tropen der Alten und Neuen Welt zu Hause sind. Allerdings wissen sich die »Rosen ohne Dornen«, wie KARL VON FRISCH, der große alte Mann der Bienenforschung, sie nennt, sehr wohl zu wehren: »Zwar ist ihr Giftstachel verkümmert, aber sie zwicken um so kräftiger, und wenn sie bei der Verteidigung ihres Heimes in Massen über einen herfallen und sich an empfindlichen Hautstellen, in der Achselhöhle, in den Augenwinkeln, derart festbeißen, daß beim Versuch, sie abzustreifen, eher ihr Kopf abreißt, als daß sie loslassen, dann scheint einem der Stich unserer Bienen ganz sympathisch.« Man hat versucht, die stachellosen Bienen auch bei uns heimisch zu machen, die Sache war jedoch ein Fehlgriff.

Viele heimische Wildbienenarten sind vom Aussterben bedroht. Die Vernichtung der Lebensräume und der Einsatz von Insektiziden in der Landwirtschaft spielen dabei eine wesentliche Rolle. Der Bienenfreund kann auf einfache Weise zumindest einige Arten unterstützen, indem er circa 5 bis 10 Zentimeter lange Löcher verschiedener Größe in ein massives Stück Holz bohrt und dieses

Abb. 12: Verschiedene Behausungen für Wildbienen:
Holunderabschnitte oder Schilfrohre gebündelt;
ein massives Stück Holz mit Bohrlöchern vor einer wärmenden Wand;
Holzkasten mit Bohrlöchern und Styroporfüllung – die Wildbienen bauen sich die Wohnröhren nach Bedarf aus.

anschließend in einen Baum oder vor eine wärmende Mauer hängt (Abbildung 12). Das Bohrloch kann solitär lebenden Arten, wie der Holzbiene, als Wohnröhre dienen. Hier kann der Bienenfreund zwar keinen Honig ernten, aber er kann Bienen beobachten, die er andernfalls vermutlich niemals zu Gesicht bekommen hätte.

35

Die staatenbildende Honigbiene

Die Honigbiene ist der Star der summenden Sippe – ihr Bienenfleiß ist sprich-wörtlich, und ihr sechseckiger Wabenbau ist legendär. Trotz jahrtausendelan-gem Kontakt mit dem Menschen wurde sie nie zum eigentlichen Haustier. Auch wenn die Bienen heute vom Menschen abhängig sind, leben sie seit Jahrmillio-nen nach ihren eigenen, von der Natur diktierten Gesetzen. Und je mehr der Mensch diese Gesetzmäßigkeiten erforscht hat, desto mehr hat sich ihm eine im gesamten Tierreich einmalige Welt offenbart. Es entstand das Bild eines perfekt organisierten Matriarchates mit einem Dreikastensystem. Alle 60 000 Mitglie-der eines einzigen Volkes stammen von ein und derselben Mutter ab – der Kö-nigin. Der Vater beziehungsweise die Väter verenden kurz nach der Hochzeit mit der Königin. Die vielen Nachkommen der Königin, auch Stockmutter ge-nannt, sind Halbschwestern und -brüder. Die gesamte Großfamilie wohnt auf engstem Raum. Vergleichsweise müßten circa 12 erwachsene Menschen in ei-nem 12 Quadratmeter großen Zimmer zusammenleben. Dicht an dicht sitzen die Bienen nachts, wenn alle zu Hause sind, auf ihren Waben. Zur besseren Ausnutzung des Wohnraumes wird ein Zweietagensystem angewendet. Der Keller ist die Kinderstube, und das Erdgeschoß ist der Wohnraum für die be-reits geschlüpften Tiere.

Wie können diese Unmengen von Individuen harmonisch zusammenleben? Wie unterscheiden sie Freund von Feind, wo doch alle Honigbienen gleich aus-sehen? Wer gibt das Kommando? Woher weiß jedes Tier, wo sein Platz ist und was es im Moment zu tun hat? Eigentlich grenzt es an ein Wunder, daß ein der-art geregeltes Zusammenleben bei Tieren funktioniert. Es setzt eine hochent-wickelte Kommunikationsfähigkeit (ohne Worte!) und eine bis ins kleinste De-tail durchorganisierte Sozialstruktur voraus.

Wenn die jungen Bienen auf die Welt kommen, müssen sie zwar noch vieles ler-nen, aber einiges ist bereits genetisch verankert. Sie kommen entweder als Kö-nigin, als Arbeiterin oder als Drohn zur Welt (Abbildung 13). Während Köni-gin und Arbeiterinnen mehr oder weniger weiblichen Geschlechts sind, stellen die Drohnen Männchen dar. Jede dieser Gruppen, auch Kasten genannt, hat spezielle Aufgaben und ist von der Natur mit den passenden körperlichen Be-sonderheiten ausgerüstet worden. Somit ist die Aufgabenteilung bereits kör-perlich fixiert – eine Arbeiterin kann aufgrund unterentwickelter Geschlechts-organe keine befruchteten Eier legen, während die Königin keine Wachsdrüsen besitzt und somit auch keine Waben errichten kann. Bei den Jungbienen ent-wickeln sich die einzelnen körperlichen Ausprägungen erst allmählich, so daß die Tiere in einem bestimmten Alter nur bestimmte Aufgaben erledigen können (Futtersaftdrüsen entwickeln sich erst Tage nach dem Schlüpfen, vorher kann

Abb. 13: Vergleich Drohn, Königin, Arbeiterin.

die Jungbiene keine Larven füttern; die Drüsen bilden sich wieder zurück, wenn die Stocktätigkeit endet).

Im Bienenvolk kommandiert niemand; daher ist die Bezeichnung Königin irreführend; sie hat eher einen mystischen Hintergrund. Ein Duftstoff aus den Oberkieferdrüsen der Königin, der sogenannte Weiselstoff, übt jedoch eine zentrale, steuernde Funktion auf den Sozialverband aus. Es wurde nachgewiesen, daß der Weiselstoff das Volk zusammenhält, der ganzen Sippe ihren typischen Stockgeruch verleiht und damit fremde Bienen verrät, bei den Arbeiterinnen die Entwicklung der Geschlechtsorgane unterdrückt und dem Volk die beruhigende Anwesenheit einer Königin vermittelt. Die Zusammenarbeit im Stock ist so perfektioniert, daß man das Volk als eine große Einheit ansehen muß. Wie Organe in einem Körper ist eine Kaste ohne die andere auf Dauer nicht lebensfähig.

Von der Made zum Insekt – Stadien einer totalen Verwandlung

Alles Leben beginnt mit dem Ei. Während sich jedoch das Ei im menschlichen Körper in der Gebärmutter einnistet und der Embryo dort bis zu seiner Geburt heranwächst, schlüpft das kleine Insekt außerhalb des mütterlichen Körpers und muß als Larve und später als Puppe von Anfang an, oft unbeschützt, mit seiner Außenwelt zurechtkommen. Aussehen und Überlebensstrategien des Insektennachwuchses unterscheiden sich oft grundlegend von denen der erwachsenen Tiere.

37

Die Libellenlarve lebt beispielsweise unter Wasser als einer der gefräßigsten und angriffslustigsten Räuber in unseren einheimischen Gewässern, um nach einigen Jahren dem Wasser zu entsteigen und für kurze Zeit die schillernde Schönheit und plumpe Eleganz einer Libelle zu erfahren. Die Larve der Stechmücke lebt ebenfalls im Wasser und saust als zuckender Strich von der Oberfläche zum Grund, wenn sie erschreckt wird. Wenn hingegen eine erwachsene Stechmücke ins Wasser fällt, ist sie mit großer Wahrscheinlichkeit dem Tod durch Ertrinken geweiht. Der Schmetterlingsnachwuchs sitzt als Raupe am Baum und frißt sich kugelrund, bis schließlich die Puppenreife eintritt und eine vollkommene Verwandlung erfolgt.

Die Jugendstadien vieler Insektenarten unterscheiden sich so gravierend von den erwachsenen Tieren, daß Naturforscher oft nur mit Mühe die Kinder den passenden Eltern zuordnen konnten. Erschwerend kommt hinzu, daß die Sprößlinge meist allein, ohne die erwachsenen Tiere, aufwachsen. Nur sehr wenige Insekteneltern füttern und beschützen ihren Nachwuchs. Bienen betreiben eine sehr ausgeprägte Brutpflege, wobei sich die Mutter selbst nicht um ihren Nachwuchs sorgt. Die Arbeit wird hauptsächlich an die Arbeiterinnen und ein wenig auch an die Drohnen (Erzeugung der Brutwärme) weitergegeben. Die Königin ist das einzige vollwertige Weibchen im Stock – sie allein kann befruchtete Eier ablegen, und dieser Aufgabe widmet sie sich fast ausschließlich. Hierzu kriecht sie mit dem Kopf voraus in eine Brutzelle und überzeugt sich, daß sie bereits gesäubert, desinfiziert und leer ist. Anschließend senkt sie den schlanken Hinterleib auf den Zellboden und setzt ein längliches weißes Ei ab. Wegen der länglichen Eiform wird dieser Vorgang als »Bestiften« einer Zelle bezeichnet. Die Arbeiterinnen- und Weiselzellen werden mit befruchteten, die Drohnenzellen mit unbefruchteten Eiern bestiftet. Die Königin erkennt die drei Zelltypen anscheinend an der unterschiedlichen Architektur. Die Drohnenzellen haben zwar auch eine sechseckige Wabenform, sind aber um rund ein Viertel größer als die Kinderstube der Arbeiterinnen. Die Architektur einer Weiselzelle ist völlig unkonventionell – sie ähnelt einer großen, nach unten offenen Glocke (Abbildung 14).

Die Anatomie der Stockmutter befähigt sie, je nach Wunsch ein befruchtetes oder ein unbefruchtetes Ei abzulegen. Eine unbefruchtete Drohneneizelle entsteht also ohne das Zutun eines Vaters, das heißt, Drohnen haben nur einen mütterlichen, aber keinen väterlichen Chromosomensatz erhalten. Ihre Zellen beinhalten also nur die 16 mütterlichen Chromosomen anstatt der für Weibchen typischen 32. Die schlüpfenden Bienenmännchen sind folglich aus genetischer Sicht nur »halbe Portionen«.

Die aktive Aufgabe der Königin beschränkt sich, wie bereits erwähnt, auf die Eiablage – da allerdings muß sie Enormes leisten. In den Sommermonaten legt

Abb. 14: Weiselzellen, aus denen die Königinnen schlüpfen, ähneln großen, nach unten geöffneten Glocken.

die Stockmutter jeden Tag circa 1500 bis 3000 Eier – das ist mehr als ihr eigenes Körpergewicht.

Nach 3 Tagen schlüpfen kleine weiße Maden aus den Eiern, deren Pflege von den Ammenbienen übernommen wird. Sie sind ausschließlich dafür abgestellt, den Nachwuchs zu füttern und mit Wasser zu versorgen. Diese sogenannten Rundmaden sehen völlig anders aus als die erwachsenen Tiere, sie gleichen einem weißen Hautsack, der oben und unten zugebunden ist. Sie liegen ohne Extremitäten, Augen oder andere erkennbare Sinnesorgane in den Brutzellen. Die Ammenbienen betten die kleinen Maden in Futtersaft, der die Nahrung für die ersten 3 Lebenstage nach dem Schlüpfen darstellt. Ab dem 4. Lebenstag erhalten Arbeiterinnen- und Drohnenlarven bereits festere Nahrung – eine Mischung, die hauptsächlich aus Pollen und Honig besteht. Nur die Königinnenlarve wird mit einer speziellen Futtersaftmischung, dem Gelée royale, weitergefüttert, bis die Weiselzelle schließlich von außen verdeckelt wird und die Prinzessin in ihrer Wiege die Puppenruhe antritt.

Da eine Königin in den ersten 3 Tagen nach Verlassen des Eies ähnliche Nahrung bekommt wie eine Arbeiterin, ist im Notfall eine »Umorganisation« möglich. Verliert das Volk aus irgendeinem Grund seine alte Stockmutter, muß aus den bereits vorhandenen Larven eine Thronnachfolgerin herangezogen werden. Die Brutzellen mehrerer erwählter Arbeiterinnenlarven werden schnell zu be-

39

sonderen Weiselzellen, den sogenannten Nachschaffungszellen, ausgebaut. Eine normale Arbeiterinnenzelle wäre schnell zu klein für die heranwachsende junge Prinzessin. Da sich die Nachschaffungszellen meist mitten auf den Waben zwischen der Arbeiterinnenbrut befinden, entsteht sozusagen eine »volksnahe« Königin. Wenn die auserwählte Arbeiterinnenlarve nicht älter als ein bis eineinhalb Tage ist, verläuft die weitere Entwicklung zur Königin perfekt. Das Endprodukt einer 3 Tage alten Rundmade ist jedoch nur noch ein Königinnennotbehelf, da sich die Eierstöcke bereits zurückgebildet haben.

Die Rundmaden wachsen außerordentlich schnell. Nach einigen Tagen beginnen sie sich zu strecken und füllen schließlich die gesamte Brutzelle aus. Man bezeichnet sie jetzt als Streckmaden. Nach 6 Tagen ist das Größenwachstum der Honigbiene bereits abgeschlossen, in dieser Zeit vervielfältigt sich ihr Gewicht auf das 500fache. Dr. Franz Geiser zieht folgenden Vergleich: »Wollten wir uns wie Bienen entwickeln, brächten wir schließlich 1,5 Tonnen und noch mehr auf die Waage – dann hätten wir auf den Straßen noch mehr Schwerverkehr.«

Am 9. Tag überziehen die Pflegebienen die Brutzellen der Arbeiterinnen von außen mit einem zarten gelblichen Wachsdeckel (Verdeckelung der Drohnenbrut am 10. Tag, der Königin am 8. Tag). Die herangewachsene Larve braucht jetzt Ruhe, und niemand kann sehen, welches Wunder nun in den Brutzellen geschieht. Die inzwischen zur Vorpuppe herangereifte Larve beginnt, ähnlich einer Schmetterlingsraupe, einen Kokon zu spinnen. Dann erfolgt innerhalb weniger Stunden eine vollkommene Verwandlung. Der bisherige Körper löst sich förmlich auf, um anschließend eine völlig andere Gestalt anzunehmen. Plötzlich werden Flügelansätze sichtbar, Beine und Antennen treten hervor, Mundwerkzeuge nehmen Gestalt an, und die Augen werden dunkel unter der weißen Puppenhaut. Deutlich ist jetzt eine Segmentierung des Körpers in Kopf, Brust und Hinterleib zu erkennen. Während der Ruhephase wird die Puppe dunkler und fester, die in der Vorpuppe angelegten Organe und Segmente reifen heran.

Bald kommt der entscheidende 21.Tag. Die Puppenhülle platzt, und das fertige Insekt nagt nun von innen den Wachsdeckel seiner dunklen Kinderstube auf. Angesichts der noch weichen Mundwerkzeuge stellt dies eine mühsame Arbeit für die junge Arbeitsbiene dar. Beobachtungen zeigten, daß ältere Stockmitglieder den schlüpfenden Jungarbeiterinnen von außen helfen. Drohnen benötigen zur Reife 24 Tage, Königinnen 15 bis 17 Tage, sie müssen sich ihren Weg ans Licht ganz alleine erkämpfen (Abbildung 15).

Die Jungbiene ist geschlüpft. Vom ersten Tag an unterscheidet sich der Tagesablauf der jungen Arbeiterin vollständig vom Leben einer Königin oder eines Drohns.

Abb. 15:

Entwicklungs-phase	Arbeiterin	Drohn	Königin
Eizeit	3 Tage	3 Tage	3 Tage
Rundmade	6 Tage	7 Tage	5 Tage
Verdeckelung	9. Tag	10.Tag	8.Tag
Puppenruhe 5. bis 6. Häutung	8 Tage	9 Tage	5 Tage
Schlupf	21. Tage	24. Tag	15.-17. Tag

oberste Abbildung:
Das erste Stadium nach
Verlassen des Eies wird als
Rundmade bezeichnet.
2. Abbildung von oben:
Die Maden haben keinen Platz
mehr am Zellboden, sie werden
zu Streckmaden. Die Zelle wurde gerade von außen verdeckelt.
3. Abbildung von oben:
Innerhalb weniger Stunden
erfolgt die Ausbildung der
Extremitätenansätze.
4. Abbildung von oben:
Die Puppen reifen – die Augen
sind bereits deutlich zu
erkennen.

Arbeitsteilung im Stock

Drohn und Drohnenschlacht

Der Drohn ist das männliche Mitglied der Familie. Er ist größer als die Arbeiterinnen und hat riesige Facettenaugen. Aufgrund seiner Körpergröße könnte man glauben, daß den Männchen die Aufgabe zukommt, den Stock zu beschützen. Sie haben jedoch nicht einmal einen Stachel, um sich selbst zu verteidigen, und müssen von Arbeiterinnen gefüttert werden, da sie nicht selbst Nektar sammeln können. Ihr Lebenszweck ist in geringem Umfang die Mithilfe bei der Warmhaltung der Brut im Stock und die Begattung einer Königin.

Um Inzest mit der eigenen Mutter zu vermeiden, findet die Hochzeit immer außerhalb des Stockes statt. Die Drohnen der umliegenden Völker sammeln sich an sogenannten Drohnensammelplätzen. Es handelt sich hierbei meist um besonders exponierte Stellen im Gelände. Dort warten die Junggesellen bei günstiger Witterung auf eine vorüberfliegende Jungkönigin. Liegt Königinnenduft in der Luft, fliegen sie in Gruppen der Dame hinterher. Dr. Franz Geiser beschreibt in seinem Büchlein »Wildbienen« sehr anschaulich, was dann geschieht: »Bei der Vereinigung der Honigbienenkönigin mit den Drohnen, die im Flug stattfindet, geht es nicht sehr fein zu. Die Köngin ist die körperlich Überlegene. Rücksichtslos schleifen die Honigamazonen ihre Freier in der Luft hinter sich her und reißen ihnen dabei die Geschlechtsorgane aus dem Leib. Dann wird der Pfropf, der in der weiblichen Geschlechtsöffnung steckengeblieben ist, mit den Hinterbeinen herausgerissen, um den Weg für den nächsten Kamikaze-Verehrer freizumachen.« Der Drohn hat damit seinen Daseinssinn erfüllt und stirbt. Obwohl sich die Königin nur in diesen wenigen Stunden ihres Hochzeitsfluges paart, kann sie jahrelang befruchtete Eier ablegen. Die Bienenspermien haben eine sehr lange Lebensdauer und werden in der sogenannten Samenblase der Königin sorgsam aufbewahrt.

Während der Flugzeit der Jungköniginnen sind Drohnen gerngesehene Gäste in jedem Stock. Sie werden gefüttert und erhalten Unterkunft. Im August, wenn die Königinnen nicht mehr fliegen und sich die Völker langsam auf den Winter vorbereiten, werden die Männchen überflüssig. Dann versucht die Frauenschar, die unnützen Esser loszuwerden. Die Arbeiterinnen verwehren ihnen Futter und den Zugang zum Stock. Da die Drohnen nicht freiwillig verhungern, kommt es im August zu Kämpfen an den Fluglöchern. Die Zeit der Drohnenschlacht hat begonnen. Die stachellosen und bereits vom Hunger geschwächten Drohnen haben jedoch keine Chance – gegen Ende August findet man unzählige verhungerte Drohnen vor den Einfluglöchern der Völker. Das Volk geht als reiner Frauenstaat in den Winter.

Arbeitsbienen

Die Arbeitsbienen sind Weibchen mit unterentwickelten Geschlechtsorganen. Sexualleben und Fortpflanzung sind Privilegien der Königin. Sobald aber die Stockmutter verlorengeht und der Weiselstoff sich ausdünnt, beginnt eine organische Veränderung im Körper der Arbeitsbienen. Sie erinnern sich an ihr eigentliches Geschlecht und bilden einen Legeapparat aus. Nach 4 bis 6 Wochen können sie selbst Eier produzieren. Da die Eier jedoch unbefruchtet sind, können aus diesen Arbeiterinneneiern nur Drohnen schlüpfen. Die einst »sterilen« Arbeiterinnen haben sich in Drohnenmütterchen oder Afterweiseln verwandelt. Diese Umbildung geschieht aber nur im Notfall, im Regelfall bleiben die Arbeiterinnen ihr Leben lang geschlechtlich inaktiv. Dieses Leben kann unterschiedlich lang sein. Eine Winterbiene, die eigentlich nur zu Hause sitzt und warten muß, bis die warme Frühjahrssonne die ersten Blüten aus der Erde lockt, kann 4 bis 6 Monate alt werden, während eine Sommerbiene wesentlich früher stirbt und nur ein Alter von 4 bis 6 Wochen erreicht.
Das Leben einer Arbeiterin gliedert sich in zwei Abschnitte – sie verbringt die ersten zwei Drittel ihres Lebens als Stockbiene und das letzte Drittel als Flugbiene (Abbildung 16).

Die Aufgaben einer Stockbiene: Die Aufgaben einer Stockbiene sind eng mit der Entwicklung der entsprechenden Drüsen im Bienenkörper verknüpft.
Vom 1. bis zum 20. Tag verrichtet die Jungbiene Innendienstarbeiten: Kurz nach ihrer Geburt ist sie Putzfrau, sie reinigt die leeren Brutzellen und bereitet sie für die nächste Bienengeneration vor; ab dem 4. Lebenstag sind die Futtersaftdrüsen in ihrem Kopf entwickelt, sie wird zur Amme und füttert mit dem Sekret ihrer Kopfdrüsen die Larven; zwischen dem 12. und 18. Tag bilden sich Wachsdrüsen aus, die Biene wird Baumeisterin, verdickt Honig oder stampft Pollen ein und kann schließlich ihr Talent als Wächterin erproben. In dieser letzten Phase des Stockbienendaseins erkundet die Jungbiene bereits im »Vorspiel« die nähere Umgebung.
Die Aufgaben einer Flugbiene: Etwa ab dem 20. Lebenstag verläßt die Arbeiterin den Stock, um Nektar, Propolis, Wasser und Pollen zu sammeln. Nach 4 bis 6 Wochen verläßt sie instinktiv den Stock, um irgendwo draußen zu verenden. Dies ist ein sehr ökonomisches Verhalten, wenn man bedenkt, wieviel Arbeitskraft die Entfernung der täglich anfallenden Bienenleichen bei einer Volksstärke von 40 000–60 000 Tieren in Anspruch nehmen würde. Die Arbeiterinnen haben eine einzigartige anatomische Anpassung an ihre Sammeltätigkeit: Pollenkamm, Pollenkörbchen, Bürste und Pollenschieber an Innen- und Außenseite der beiden Hinterbeine (Abbildung 17).

Abb. 16: Die Biene hat in verschiedenen Lebensabschnitten unterschiedliche Arbeiten zu erledigen.

Da der Blütenstaub oder Pollen aus feinen Partikeln besteht, ist es sehr schwierig, diesen Staub zu sammeln und mit möglichst wenig Verlusten im Stock abzuliefern. Die Bienen haben für dieses Problem eine Lösung entwickelt: Während des Blütenbesuchs wird die Biene über und über mit Pollen eingestäubt. Durch Putzbewegungen und mit Hilfe von Bürstchen, Schieber und Kamm können die Bienen den klebrigen Staub zu kleinen Klumpen formen und

44

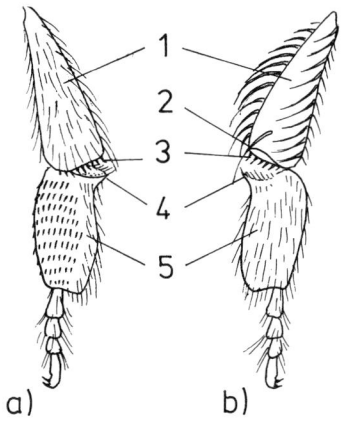

Abb. 17: Pollensammeleinrichtung an den Hinterbeinen der Arbeitsbiene: a) Hinterbein-Innenseite, b) Hinterbein-Außenseite, 1 Körbchen (Einbuchtung an der Außenseite), 2 .Einzelhaar, 3 Pollenkamm, 4 Pollenschieber, 5 Ferse mit Pollenbürste

als Höschen in einer Vertiefung der Hinterbeine, dem Pollenkörbchen, transportieren. Auch Propolis wird mit Hilfe dieses Körbchens transportiert. Flüssige Nahrung, wie Nektar oder Wasser, wird über den Rüssel aufgenommen und in der Honigblase zwischengespeichert.

Königin

Die Königin hat einen Giftstachel, mit dem sie königliche Rivalinnen gnadenlos aus dem Weg räumt. Der Begriff Königin ist insofern gerechtfertigt, als es nur eine geben kann. Ansonsten wäre der Begriff »Stockmutter« viel eher geeignet, um die Aufgaben der großen Biene zu beschreiben.
Die Königin ist das einzige vollständig entwickelte Weibchen im Volk, sie alleine kann befruchtete Eier ablegen und damit das Fortbestehen des Volkes sichern. Aus diesem Grund wird sie von ihren Kindern gut gepflegt – sie wird gefüttert, betrillert, gewärmt und beschützt. Die Bienen ahnen instinktiv, daß ihr Volk ohne Königin dem Untergang geweiht wäre. Die Stockmutter verläßt nur wenige Male in ihrem Leben den Stock – zu Beginn ihres Lebens zum Hochzeitsflug und eventuell später, um mit einem Schwarm eine neue Heimat zu suchen.
Ihre wichtigste Aufgabe ist die Eiablage. Ihr Hinterleib ist etwa doppelt so lang wie der ihrer Arbeiterinnentöchter und prall gefüllt mit Eierschläuchen beziehungsweise Eiern. In den Sommermonaten legt eine Stockmutter täglich circa 1500 bis 3000 Eier. Eine zweite sehr wichtige Aufgabe ist die Produktion eines Pheromons, des sogenannten Weiselstoffes. Pheromone sind hormonähnliche

Abb. 18: Die Königin und ihr Hofstaat.

Duftstoffe, die die Funktion von Organismen beeinflussen können. So wird unter dem Einfluß des Königinnenpheromons die Ausbildung der weiblichen Genitalien bei den Arbeitsbienen unterdrückt. Darüber hinaus hält der Weiselstoff das Volk zusammen, verleiht der ganzen Sippe ihren typischen Stockgeruch und verrät damit fremde Bienen und vermittelt dem Volk die beruhigende Anwesenheit einer Königin.

Der Königin fehlen hingegen viele Drüsen der Arbeiterinnen, zum Beispiel Futtersaft- und Wachsdrüsen. Zudem besitzt sie keine anatomischen Pollensammelvorrichtungen an den Hinterbeinen. Eine Königin kann unter natürlichen Bedingungen 4 bis 8 Jahre alt werden (Abbildung 18).

Bienenfeinde

Obwohl sich Bienen selbst gegen große Angreifer erfolgreich mit ihrem Giftstachel wehren können, haben sie Feinde. Gefährdet ist vor allem die wehrlose Bienenbrut, aber auch die erwachsene Nektarsammlerin ist das Ziel von Räubern.

Feinde der erwachsenen Bienen

Neben Vögeln und Spitzmäusen sind auch Insektenverwandte an der wehrhaften Sammlerin interessiert, wobei an erster Stelle der Bienenwolf zu nennen ist (Abbildung 19). Der einheimische Bienenwolf gehört zur Gruppe der Grabwespen. Zur Jagdmethode schreibt Dr. Franz Geiser: »Bienenwölfe jagen mit Vorliebe in der Nähe von Bienenhäusern. Sie entdecken ihre Opfer mit ihren ausgezeichneten Augen, stürzen sich aber nicht sofort auf sie, sondern überprüfen erst einmal ihren Geruch. Das geschieht aus einer Entfernung von einigen Dezimetern. Dann aber, wenn das ›Ding‹ nach Honigbiene riecht, geht alles sehr rasch. Die Biene wird im Flug ergriffen und durch einen schnellen Stich gelähmt. Dann klemmt der Räuber sie zwischen seine sechs Beine und genehmigt sich erst einmal den Inhalt ihres Honigmagens, indem er sie wie eine Tube auspreßt. Eine Reihe von Bienenopfern wird so gekidnappt, ausgequetscht und Bauch an Bauch ins Nest eingetragen. Dort dienen sie – gelähmt, aber nicht tot – der Bienenwolfbrut als Fleischkonserven. Es wurden schon Bienenwolf-Nester gefunden, die über 100 Bienen enthielten – je 2 bis 4 für eine männliche und 3 bis 6 für eine weibliche Larve.« Die Natur ist grausam – der Bienenwolf stellt auf diese Weise sicher, daß seine Brut mit eiweißreicher, frischer Nahrung versorgt wird.

Auch eine riesige Wespenart, die Hornisse, hat es auf die Bienen abgesehen. Sie fängt ihre Opfer in der Luft ab, betäubt oder tötet sie mit einem schnellen Stich, schneidet ihnen anschließend Flügel sowie Beine ab und trägt die Beute als Larvenfutter ins Nest. Den Honigbienen ist das Feindbild »Hornisse« von der Natur mitgegeben. Sobald eine Bienenräuberin auf dem Anflugbrett landet, wird sie sofort von den Honigbienen angegriffen und gestochen.

Ein besonders hinterhältiger Jäger ist die Krabbenspinne. Sie benutzt Blüten als Hinterhalt und wartet, farblich bestens getarnt, bis ihr die Beute, vom Blütenduft angelockt, direkt in die Arme fliegt. Die Krabbenspinne braucht kein Netz, um ihre Beute zu fangen, das Opfer wird mit einem schnellen Giftbiß an einer ungepanzerten Stelle getötet und anschließend ausgesaugt.

Ein listiger Honigdieb ist der Totenkopfschwärmer. Der Schmetterling bedient sich eines Tricks, um an die süßen Vorräte der Bienen zu kommen: er ahmt den Bienengeruch nach und gibt Laute von sich, die dem Tüten und Quaken der Königin ähnlich sind. Mit Hilfe dieser »chemischen Tarnkappe« und der Verwirrung, die er mit seinem »Gesang« stiftet, schafft er es meist, den Stock heil wieder zu verlassen. Wird der Honigräuber allerdings entlarvt, so ist es um ihn geschehen. Im Imkermuseum und Lehrbienenstand des Münchner Bezirksbienenzuchtvereins e.V. in Deisenhofen bei München ist ein von Bienen mit Propolis einbalsamierter Totenkopfschwärmer zu besichtigen.

Der größte Feind der Bienen ist jedoch der Mensch; großen Schaden haben vor allem die Insektizideinsätze nach dem Zweiten Weltkrieg angerichtet. Da Bienen Insekten sind, sterben sie zusammen mit Blattläusen oder anderen »Schädlingen« den Gifttod. Es gibt zwar bienenungiftige Spritzmittel, die in der Landwirtschaft eingesetzt werden, und in den letzten Jahren haben intensive Schulungen der Landwirte die Bienenverluste durch Gifteinwirkung reduziert, aber die Imker wissen von den vielen Bienen, die von ihren Ausflügen nicht mehr zurückkommen.

Feinde der Brut

Da die Bienenkinder weder Panzer noch Stachel haben, sind sie vollkommen wehrlos. Die Larve des räuberischen Buntkäfers durchbeißt mit ihren kräftigen Mandibeln die wächserne Wand der Brutzellen und frißt die weißen Maden. Varroa-Milben, Pilze und Bakterien sind zwar wesentlich kleinere, dafür aber um so gefährlichere Feinde. Die Varroa-Milbe kann sogar ganze Völker ausrotten (Näheres dazu siehe Seite 104).

Abb. 19: Der Bienenwolf fängt und lähmt Honigbienen, um seine Brut zu ernähren.
Die Hornisse – ein Feind der Biene.

Der Schwarm und die singende Königin

Es ist Mai – die Natur ist erwacht. Die Sonnenstrahlen spenden wieder Wärme, und die Wiesen gleichen einem Blütenmeer. Es herrscht Hochbetrieb. Die Bienen kommen reichbeladen von ihren Ausflügen zurück, alle Brutzellen sind belegt. Dies ist nicht der einzige Auslöser für die Schwarmaktivität, Größe der Wohnung, Anzahl der Familienmitglieder, Witterung, Gesundheitszustand oder Futterversorgung tragen ebenso dazu bei. Die Schwarmbereitschaft ist sehr ansteckend. Wie ein Lauffeuer erfaßt sie jedes Individuum im Verband.

Abb. 20: Eine prachtvolle Schwarmtraube hängt am Ast. In diesen Korb soll der Schwarm einge-schlagen werden.

Seit Tagen hat sich das Volk auf diesen Augenblick vorbereitet. Die Sammel-aktivität hat stark abgenommen, Weiselzellen wurden angelegt und bestiftet, neue Königinnen wurden herangezogen. Sie liegen noch immer in ihren Wie-gen und warten geduldig, bis die alte Regentin den Stock mitsamt dem Schwarm verlassen hat. Erst dann wird eine neue Königin schlüpfen und die Nachfolge antreten. Die alte Stockmutter wurde seit Tagen nicht mehr gefüttert, sie mußte abnehmen, da ihr schwerer Leib zum Fliegen zu schwer gewesen wä-re. Und schließlich ist es an einem schönen Tag im Mai oder Juni zwischen 11 und 15 Uhr soweit.

Die Aufbruchstimmung hat ihren Höhepunkt erreicht, Bienentrauben hängen seit Stunden vor dem Flugloch. Ein unruhiges Brausen ist im Stock zu hören. Die Honigblase wird noch schnell für die kommenden Hungertage gefüllt, und dann erhebt sich eine summende Wolke in die Luft, in deren Mitte sich die in-zwischen schlanke, nun flugfähige Altkönigin befindet. Dies ist einer der weni-gen Momente, in denen die Königin den sicheren Stock verläßt.

Die erste Pause wird nicht weit vom Stock eingelegt. Die Königin setzt sich auf einen Ast, einen Strommast oder ähnliches und wird von ihren Arbeiterinnen umgeben. Auf diese Weise entsteht eine Schwarmtraube, in deren Mitte die Kö-nigin zu finden ist (Abbildung 20). Der Imker muß jetzt schnell reagieren, um sein Volk wieder einzusammeln (siehe Seite 121).

49

*Abb. 21: Ein Schwarmvolk macht es sich gemüt-
lich. Der Wabenbau ist bereits weit fortgeschritten.
Mit diesem natürlichen Nest würde das Volk den
Winter in unseren Breiten wahrscheinlich nicht
überleben.*

Zuvor waren Spurbienen tagelang unterwegs, um die Umgebung nach einer geeigneten Bleibe zu erkunden – kein hohler Baum oder verlassener Dachstock ist
ihnen entgangen. Falls sie fündig geworden sind, folgt das gesamte Volk den
Kundschaftern – oft kilometerweit. Am Bestimmungsort angekommen, beginnen die Tiere sehr bald mit den ersten Bauarbeiten (Abbildung 21).
Da nicht alle Bienen den Stock zusammen mit der Altkönigin verlassen, brauchen die Zurückgebliebenen nun schnell eine neue Stockmutter. Bereits vor
dem Abflug hat das Volk Schwarmzellen angelegt, und neue Königinnen warten geduldig in ihren Zellen, bis die alte Kontrahentin den Stock verlassen hat.
Die jungen dürfen die schützende Weiselzelle nicht vorzeitig verlassen, um nicht
von der alten Königin getötet zu werden. Damit die völlig entwickelten Jungköniginnen vor dem Schlupf nicht verhungern, stecken sie ihren Rüssel durch einen Schlitz im Deckel nach außen und lassen sich von ihren Ammen füttern.
Zu dieser Zeit kann man einen seltsamen Wechselgesang im Bienenvolk ver-
nehmen. Die jungen Thronfolgerinnen geben in kurzen Abständen Töne von
sich. Durch die Zellwand klingt ihr Rufen dumpf – sie »quaken«. Das Antworten der Altkönigin erinnert an eine Autohupe – sie »tütet«. Der Wechselgesang
hat ungefähr folgende Bedeutung: Die junge in ihrer Wiege fragt die Altkönigin »Bist Du immer noch da?«, worauf sie die Antwort erhält »Ja, bleib drin,
sonst ersteche ich dich«. Das Tüten und Quaken dauert an, bis die Altkönigin

mit dem Schwarm den Stock verlassen hat. Dieses Phänomen widerlegt die frühere Auffassung, daß Bienen taub seien. Unter gehörlosen Tieren könnte kein Wechselgesang zustande kommen. Heute weiß man, daß die Honiginsekten zumindest im Bereich der Tüt-Quak-Frequenz »hören« können.

Sobald die Luft rein ist, klettert die erste Jungkönigin aus ihrem engen Gefängnis. Sie will die einzige bleiben. Die anderen Schwestern wurden eigentlich nur zur Reserve herangezogen und haben nun ihren Zweck erfüllt. Unbarmherzig macht sich die Erstgeborene auf die Suche, beißt die Zellen ihrer Rivalinnen auf und ersticht sie (Abbildung 22). Die königlichen Leichen werden anschließend von Arbeiterinnen entfernt.

Sofern sich das Restvolk in Schwarmstimmung befindet, versucht es, die noch in ihren Wiegen liegenden Reserveköniginnen vor den wütenden Angriffen der Schwester zu schützen. Diese wird nämlich bald den Stock mit einem Nachschwarm verlassen. Jungköniginnen, die kurz vor dem Abschwärmen geschlüpft sind, werden manchmal von der Schwarmstimmung mitgerissen. Aus diesem Grund können Nachschwärme gelegentlich mehrere Prinzessinnen zählen. Die beim Restvolk zurückgebliebene Jungregentin vernichtet die ungeborenen Schwestern zumeist endgültig.

Die junge Königin denkt nicht eher an Hochzeit, bis sie gründlich aufgeräumt hat. Da sie ihrer Zelle jungfräulich entstiegen ist, kann sie erst nach der Paarung befruchtete Eier ablegen. Im Stock stehen zwar genug Drohnen für eine Begattung zur Verfügung, Drohnen und Königin interessieren sich aber nur unter freiem Himmel füreinander. Durch diese sinnvolle Einrichtung wird schädlicher Inzest vermieden. Manchmal kann der Spermavorrat vor Ablauf des Königinnenlebens zur Neige gehen. Sofern das Volk nicht rechtzeitig durch stilles Umweiseln eine neue Jungkönigin herangezogen hat, ist es dem Untergang geweiht.

Stilles Umweiseln

In besonderen Notfällen nimmt das Bienenvolk ohne die Beeinflussung durch den Imker eine Umweiselung, das heißt das Ersetzen einer Königin durch eine neue, vor. Da dieser Thronwechsel kampflos erfolgt, spricht man von einer stillen Umweiselung.

Mit zunehmendem Alter der Stockmutter entstehen verschiedene Probleme für das Volk: Wenn der Spermavorrat in der Samenblase der Königin nicht ausreicht, können die Zellen nicht mehr mit befruchteten Eiern bestiftet werden. Ein erneuter Hochzeitsflug ist jedoch von der Natur nicht vorgesehen. Zum anderen läßt die Legeleistung im Alter nach, wodurch sich die Zahl der Familien-

Abb. 22: Eine königliche Rivalin hat eine Weiselzelle seitlich aufgebissen und ihre darin befindliche fertig entwickelte Schwester erstochen.

Abb. 22a: Die Bienen weiseln um.

mitglieder verringert. In diesem Fall setzt die Königinnensubstanz ein Signal. Mit zunehmendem Alter der Königin verringert sich die Funktionstüchtigkeit ihrer Oberkieferdrüsen, und die Konzentration des Weiselstoffes im Stock geht zurück. Falls die Menge der Königinnensubstanz für ein großes, starkes Volk nicht mehr genügt, wird eine junge, starke Stockmutter herangezogen.

Ein zweiter Notfall ist eine schwache, behelfsmäßige Königin, die auf dem Weg der Nachschaffung erst relativ spät aus einer Arbeiterinnenlarve herangezogen wurde. Auch sie muß bald wieder abgelöst werden, damit das Volk gesund und kräftig bleibt. Ein Blick auf die Waben läßt erkennen, ob sich ein Volk seiner alten Königin entledigen will. Zur stillen Umweiselung werden nur sehr wenige Weiselzellen (2 oder 3) mitten auf einer Wabe angelegt, zudem sind sie voluminöser als eine normale Nachschaffungszelle (Abbildung 22a).

Nach dem Schlüpfen der jungen Königin geschieht etwas Verblüffendes: Die beiden gleichrangigen Damen leben einige Zeit friedlich nebeneinander. Die Nachfolgerin fliegt zur Begattung aus und bestiftet anschließend die Brutzellen zusammen mit der Altkönigin. Eines Tages stirbt die Altkönigin. Jungköniginnen, die durch »stilles Umweiseln« entstanden sind, sind meist starke und beständige Königinnen über einen langen Zeitraum hinweg.

Wahrnehmung und Kommunikation

Die Welt der Bienen

Die Sinnesorgane der Bienen sind anders gebaut als die des Menschen und befinden sich an den eigentümlichsten Stellen.

Können Bienen riechen?

Duft hat für Bienen eine zentrale Bedeutung. Er spielt im sozialen Leben als sogenannter Stockgeruch eine sehr wichtige Rolle, er verheißt den Drohnen die Nähe einer paarungsbereiten Königin und weist der Sammlerin den Weg zur Nahrung. Blütenduft ist der Auslöser für den Landeanflug der Biene und leitet sie zum Nektarbrunnen, der sich tief im Inneren der Blüte befindet. Die »Nase« der Biene sind die Antennen. Da zwischen den Riechporenplatten des Fühlers zusätzlich Tasthärchen liegen, ist er nicht nur Riechorgan, sondern auch das wichtigste Tastorgan der Biene. Riechen und Tasten sind eng miteinander verbunden – das heißt, daß diese »Antennennasen« räumlich riechen können.

Für unsere Nase ist es gleichgültig, ob wir an einem runden oder eckigen Gegenstand riechen. Das menschliche Riechorgan kann Formen nicht berücksichtigen, deshalb können wir uns kaum vorstellen, was räumliches Riechen eigentlich bedeutet. Prof. Dr. Daumer erklärt es folgendermaßen: »Lassen wir der Phantasie freien Lauf und stellen uns vor, an jedem Finger einer Hand sei ein Nasenloch.« Der Daumen liegt auf einer Scheibe Schinken und der kleine

Abb. 23: Potentilla-Blüte links: aus der Sicht des Menschen.
Potentilla-Blüte rechts mit UV-Filter fotografiert: aus der Sicht der Biene. Wie durch Zauberei tauchen plötzlich feine optisch markierte Duftstraßen und Saftmale auf.

Finger auf einer Essiggurke. Also »riecht« der Daumen etwas völlig anderes als der kleine Finger. Gleichzeitig fühlt sich der Schinken glatt an, die Gurke hingegen schrumpelig. Somit wird klar – rechts beim Daumen liegt das Fleisch und links die Gurke. Der Geruch ist mit einem ertasteten »schrumpelig« oder »glatt« verbunden, und gleichzeitig läßt sich die Richtung lokalisieren.

Da im Bienenstock viele Arbeiten im Dunkeln verrichtet werden müssen, kommt dem Tast-Riech-Sinn eine enorme Bedeutung zu. Düfte spielen auch für das Auffinden der Nektarquelle auf der Blüte eine große Rolle. Die Pflanzen haben sich dem räumlichen Riechvermögen der Biene angepaßt (oder umgekehrt) und eine individuelle »Duftgestalt« entwickelt. Die Blüte vermittelt der Biene über optische und olfaktorische Signale, wer sie ist und wo die Besucherin was finden kann. Wenn eine Biene auf der Blüte gelandet ist, versucht sie, schnellstmöglich zum Nektar zu gelangen. Dazu tastet sie mit ihren Fühlern das Blütenblatt ab, um geheime Duftspuren zu finden (Abbildung 23). Die Biene folgt dieser Duftstraße der Blüte nur zu gerne, da sie zum süßen Ziel führt. Dies ist ein Beispiel für die meisterhafte gegenseitige Anpassung von Bienen und Blüten.

»Was die Empfindlichkeit angeht«, schreibt Dr. Franz Geiser, »scheint der Geruchssinn einer Biene mit unserem Riechsinn etwa vergleichbar zu sein. Wo wir mit unserer Nase an einer Blüte nichts riechen können, kann es auch die Biene nicht. Für einige ausgesprochene Blütendüfte mögen ihre Antennen noch etwas besser ausgerüstet sein als unser Riecherker, dafür ist sie für fauligen und modrigen Gestank viel unempfindlicher als wir – beneidenswerte Biene, möchte man sagen, sie lebt in einer Welt von Wohlgerüchen.«

Weitere Sinnesorgane auf den Fühlern helfen den Bienen bei der Verrichtung der täglichen Aufgaben:

- Geschmackssinn: Der Saugreflex wird nur ausgelöst, wenn der ausgefahrene Rüssel in eine süße Lösung taucht.
- Wärme- und Kältesinn.
- Rezeptoren für die Luftfeuchtigkeit: Für das Gedeihen der Brut ist die Einstellung eines besonderen Kleinklimas notwendig. Zu große Feuchtigkeit unterstützt das Pilzwachstum, Trockenheit hemmt hingegen die Entwicklung der Brut.
- Kohlendioxidmeßsensoren.

Aus diesem Grund stellen die Fühler für die Biene ein äußerst wertvolles und vielseitig einsetzbares Sinnesorgan dar.

Können Bienen hören?

Forscher haben an den verschiedensten Stellen des Bienenkörpers nach Ohren gesucht. Da Heuschrecken beispielsweise mit den Vorderbeinen hören können, hoffte man, auch bei Bienen ein Hörorgan zu finden. Als man jedoch nicht fündig wurde, postulierte man lange Zeit, daß Bienen taub seien. Eine bestimmte Frequenz scheint jedoch zumindest für die Königin hörbar zu sein: Zur Schwarmzeit ist manchmal im Stock ein eigenartiger Wechselgesang zwischen der Altkönigin und den noch in ihren Wiegen wartenden Prinzessinnen zu hören – das Tüten und Quaken. Ein Wechselgesang kann aber nur zustande kommen, wenn die beiden betreffenden Parteien einander hören und verstehen. Trotzdem konnten nirgendwo Ohren entdeckt werden.

Das Rätsel wurde erst in den letzten Jahren gelöst. Die Bienen können nicht wie der Mensch Druckunterschiede wahrnehmen, die durch Schallwellen in der Luft erzeugt werden, sondern Beschleunigungen von Luft oder Vibrationen. Besucher von Rockkonzerten können sicher nachvollziehen, was damit gemeint ist. Der ganze Körper des Konzertbesuchers wird von den Luftteilchen erschüttert, die durch die Membranen der Boxen beschleunigt werden. Man kann sozusagen einen »Musikwind« fühlen. Ebenso verhält es sich bei den Bienen. Über das Johnstonsche Organ an der Basis der Fühler können solche Luftbeschleunigungen gemessen werden. Das »Fühlerohr« ist sehr sensibel. Quaken und Tüten der konkurrierenden Königinnen und das gegenseitige Verstehen sowie das Hören von Tanzlauten, die beim Schwänzeltanz von der Vortänzerin erzeugt werden, sind auf dieses Organ zurückzuführen.

Bienen können noch auf andere Arten miteinander kommunizieren. Ein sehr wichtiges Kommunikationsmittel sind Vibrationen. Der Schwänzeltanz, der den Schwestern die Richtung zu einer Futterquelle weist, wird mit heftigen Klopfbewegungen des Hinterleibes auf den Tanzboden, die Wachswaben, begleitet. Die Klopfbewegungen erzeugen Vibrationen des Bodens, die die Bienen mit sehr sensiblen Streckrezeptoren an den Beinen wahrnehmen können. Diese »Hörorgane« haben mit unseren Ohren natürlich nicht viel gemeinsam.

Wie gut können Bienen sehen?

Da Sehen ein sehr wichtiges Kriterium im Überlebenskampf ist, entwickelten sich im Laufe der Evolution verschiedenartige Lichtsinnesorgane. Das Linsenauge des Menschen war ein erfolgreicher Weg, ein ähnliches Konstrukt besitzen Kopffüßler, wie der neugierige und »intelligente« Oktopus. Einen völlig anderen Weg sind hingegen die Insekten gegangen.

Auf der Oberfläche der riesigen, starren und lidlosen Augen ist zu beiden Seiten des Insektenkopfes eine feine Rasterung erkennbar – die Facetten, worauf der Name Facetten- oder Komplexauge zurückzuführen ist. Jede einzelne Facette steht wiederum für ein winziges Einzelauge. Eines dieser großen Komplex- oder Facettenaugen ist in circa 5000 dieser Mini-Einzelaugen unterteilt!

Was und wie sieht ein Insekt nun mit dieser Unzahl von Einzelaugen? Jedes Einzelauge funktioniert unabhängig von seinen vielen Nachbarn und liefert ein eigenes Einzelbild an das Gehirn. Erst dort wird die Informationsflut der Augen zu einem einzigen Bild verarbeitet. Erwartungsgemäß weist das Endbild eine mosaikartige Struktur auf, durch die Rasterung geht jedoch ein Teil der Sehschärfe verloren (Abbildung 24).

Warum entwickelte sich das aufwendige Facettenauge der Insekten, und welchen Vorteil hat die Unterteilung in derartig viele Einzelaugen?

Man könnte annehmen, daß die Einzelaugen der Biene – wie Glühbirnen – ständig kaputtgehen und aus diesem Grund eine ungeheure Menge an Ersatzaugen vorhanden sein muß. Dies trifft jedoch nicht zu.

Das Facettenauge hat gegenüber dem menschlichen Linsenauge einen wichtigen Vorteil: es ist eine leistungsfähige Anpassung an das Fliegen. Die Biene kann mit circa 25 km/h durch das Unterholz zwischen Zweigen und Blättern fliegen, ohne jemals anzustoßen. Diese Geschicklichkeit verdankt sie der ungeheuer hohen zeitlichen Auflösung ihrer Facettenaugen.

Die relativ niedrige zeitliche Auflösungsfähigkeit des menschlichen Auges ermöglicht es uns, Filme anzusehen. Sobald die Abspielfrequenz 25 Bilder pro Sekunde überschreitet, kann das menschliche Auge die Einzelbilder nicht mehr unterscheiden – die Bilder verschmelzen und fangen an, sich zu bewegen. Zu

Abb. 24: Sehschärfe von Facettenaugen.
A) Fotografie eines Schmetterlings, B) wesentlich unschärferes Mosaikbild, wie es wahrscheinlich ein Insektenauge wahrnimmt.

 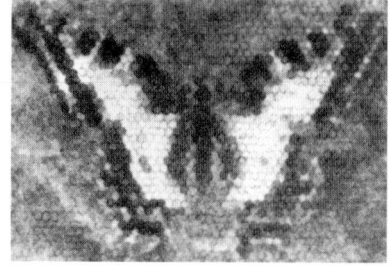

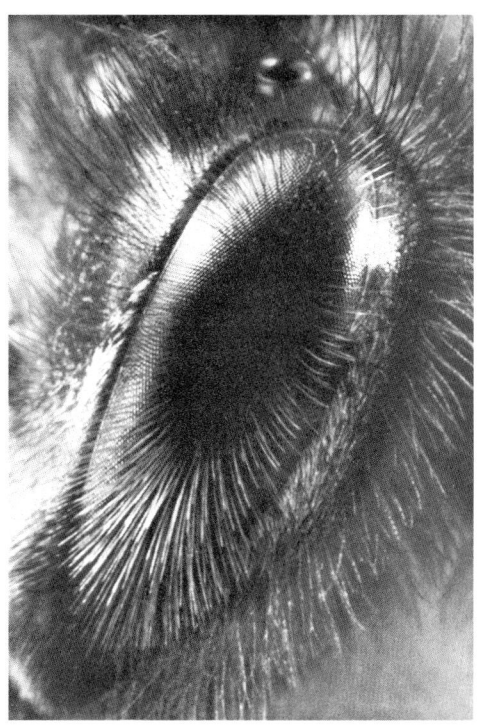

Abb. 24a: Das Facettenauge der Biene setzt sich aus nahezu 5000 Einzelaugen zusammen.

der Zeit, »als die Bilder laufen lernten«, wurden lediglich 18 Bilder pro Sekunde abgespielt – die Bewegungen der Darsteller in diesen »alten Klamotten« wirkten eckig, der Film »flackerte«. Das menschliche Auge ist dabei in einem Zwiespalt, da es einen Teil der Bilder noch als Einzelbilder identifizieren kann. Das Bienenauge kann hingegen 300 Bilder pro Sekunde auflösen, so daß es bei einem in 10facher Geschwindigkeit gespielten Film noch immer die Einzelbilder wahrnehmen könnte.

Können Bienen Farben sehen?

Diese Frage blieb lange Zeit ein großes Geheimnis, bis KARL VON FRISCH mit seinen Experimenten zum Farbsehen eine Klärung brachte (Abbildung 25). Er beschreibt in seinem Buch »*Aus dem Leben der Bienen*« seinen weltberühmten Versuch zur Farbwahrnehmung der Bienen: »Wir dressieren die Bienen durch Fütterung auf Blau inmitten einer schachbrettartigen Anordnung von Graupapie-

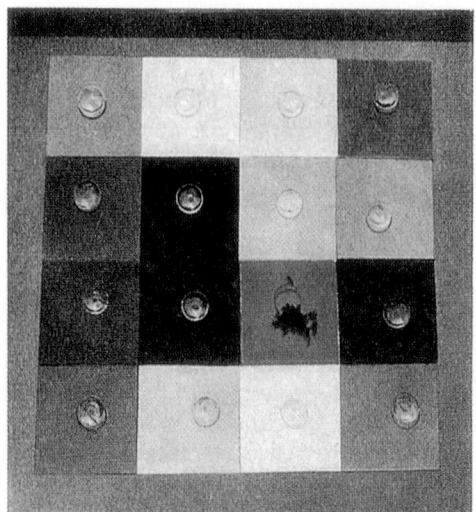

Abb. 25: Schachbrettartige Versuchs-anordnung der Papierquadrate.

ren verschiedenster Helligkeit, auf denen kein Futter geboten wird. Ein häufiger Ortswechsel des Blau mit dem Futterschälchen verhindert die Gewöhnung an einen bestimmten Platz in der Gesamtordnung. Auch wird nicht mit Honig, sondern mit geruchlosem Zuckerwasser gefüttert. Für das entscheidende Experiment werden alle Papiere durch neue, saubere ersetzt; auch auf dem Blau steht diesmal ein leeres, reines Glasschälchen. Trotzdem fliegen die Bienen zielsicher auf die blaue Fläche los und setzen sich auf ihr nieder. Sie können also Blau von sämtlichen Grauabstufungen unterscheiden, und erst hierdurch beweisen sie uns, daß sie es als Farbe sehen.«

Mit Hilfe weiterer Futterdressurversuche entdeckten KARL VON FRISCH und sein Schüler KARL DAUMER, wozu die Augen der Bienen in der Lage sind. 1973 wurde VON FRISCH zusammen mit LORENZ und TINBERGEN für seine sensationellen Entdeckungen mit dem Nobelpreis für Medizin ausgezeichnet.

Für Bienen ist die Welt sehr bunt. Heute ist bekannt, daß Bienen kein Rot, aber das für das menschliche Auge nicht wahrnehmbare Ultraviolett sehen können. Ausgangspunkt für die sichtbare Farbskala des menschlichen Auges sind die drei Grundfarben Blau, Gelb und Rot, die Eckpfeiler für das Bienenauge stellen die Farben Ultraviolett, Blau und Grün dar. Das Farbspektrum ist demnach bei den Bienen in den kurzwelligen Bereich verschoben (Abbildung 26). Rot, das für den Menschen eine Signalfarbe darstellt, wandelt sich für die Honigbiene zu einem nichtssagenden Grau.

Abb. 26: Sichtbares Farbspektrum des menschlichen Auges.
Sichtbares Farbspektrum des Bienenauges. Bienen können Rot nicht erkennen, sind aber in der Lage,

Die Blüten haben sich nicht dem Farbsehen des menschlichen Auges, sondern dem der Bienen angepaßt. Aus diesem Grund trifft man in unseren Breiten auch relativ wenig Pflanzen mit völlig roten Blüten an. Das Rot des Klatschmohns stellt sich in den Bienenaugen zwar grau und unscheinbar dar, der Klatschmohn »sendet« jedoch zusätzlich auf einer ultravioletten Frequenz.

Da die meisten natürlichen Farben Mischungen der Grundtöne sind, sieht beinahe jede Blüte für die Biene anders aus als für den Menschen. Eine Mischung zwischen Gelb und Ultraviolett ergibt »Bienenpurpur«, eine Mischung zwischen Blau und Ultraviolett ergibt »Bienenviolett«. Beide Farbtöne sind für das menschliche Auge unsichtbar.

Schade, daß die Pracht, die sich einer Biene eröffnet, für unsere Augen verschlossen bleibt. Aber vielleicht funktioniert es mit ein bißchen Phantasie.

Gehen wir auf einen Sammelflug und entdecken die Welt aus der Sicht der Bienen:

Es ist dunkel im Stock, ein wenig Licht schimmert durchs Flugloch. Die Biene hat Rapsnektar abgeliefert und will wieder zu ihrem Feld zurückkehren. Die Sonne und der Himmel leuchten in ultraviolettem Licht. So schnell sie ihre Flügel tragen, fliegt die Sammlerin durch Zweige und Äste hindurch zielsicher zu ihrem Feld. Dort angekommen, blinkt ihr die Pracht eines Blütenmeeres entgegen. Das Grün der Halme und der Blätter ist für sie grauer Hintergrund, der wie ein Tablett die auffälligen Blütenköpfe präsentiert. Die vielen schönen Blüten bleiben unbeachtet – sie sucht nach einem bestimmten Erkennungsmuster, Gelb mit Ultraviolett. Es ist die Farb-

gebung des Rapses, der in den Augen des Menschen rein gelb erscheint. Seit Tagen hat die Arbeiterin nur diese Pflanzenart angeflogen. Da die ganze Pracht fast verblüht ist, muß sie die spärlichen Reste suchen. Verlockend leuchtet eine Gruppe von Mohnblumen in hellem Ultraviolett. Dahinter stehen vereinzelt und schon halb verwelkt noch einige Blüten mit der gesuchten Kennung. Beim Landeanflug stellt die Biene fest, daß auch der Duft stimmt.

Für eine Pflanze kann es lebenswichtig sein, möglichst einzigartig und »verlockend« auszusehen. In der Literatur kann man vielfach lesen, daß es die Aufgabe der Blütenfarbe sei, die Blüten möglichst attraktiv aussehen zu lassen und unwiderstehlich zu machen. Das trifft aber nur zum Teil zu. Die Blütenstetigkeit ist es, die die Bienen im Gegensatz zu allen anderen Blumenkindern, wie Käfer oder Schwebefliegen, zur wertvollsten und effektivsten Bestäuberin macht. Dies bedeutet, daß sich eine Sammlerin irgendwann einmal für eine bestimmte Pflanzenart, zum Beispiel Raps, entscheidet. In der Folgezeit wird sie nur noch Rapsblüten anfliegen und bleibt »stetig« dem Raps treu, bis die leuchtend gelben Felder endgültig verblüht sind.

Für den Raps hat die Blütenstetigkeit der Bienen eine nicht zu unterschätzende Bedeutung. Eine angeflogene Blüte kann davon ausgehen, daß die hungrige Besucherin genau jene Rapspollen in ihrem Haarkleid mitschleppt, die für eine effektive Befruchtung der Rapsblüte notwendig sind. Raps kann zum Beispiel von Kastanienpollen nicht befruchtet werden, die natürliche Artenbarriere verhindert den Erfolg derartiger Kreuzungen. Die Rapsblüte hätte ihren wertvollen Nektar verloren, ohne erfolgreich bestäubt worden zu sein. Durch ihr einzigartiges Aussehen wollen die jeweiligen Pflanzen also nicht nur die Bienen anlocken, sondern ihnen folgendes verdeutlichen: Hier zwischen Mohnpflanzen steht noch eine Rapsblüte, die auf Bestäubung wartet (Abbildung 27 und 28).

Unsere Biene ist gelandet. Ihre Fühler tasten die Blütenblätter ab. Sie sucht Duftspuren, die sie über ihren Riech-Tast-Sinn zur Nektarquelle führen. Aber auch ihren Augen bietet sich ein ganz neues Bild. Ein reingelbes Saftmal nimmt Gestalt an. Sie »weiß« aus Erfahrung, daß sich im Zentrum dieser Saftmale meist der süße Brunnen verbirgt. Duft und optischer Reiz bewirken gemeinsam, daß die Biene bereits mit erwartungsvoll ausgerolltem Rüssel aufs Zentrum des Mals zuläuft. Sie kämpft sich durch einen klebrigen, staubigen Wall, die Pollensäcke der Blüte, hindurch, aber heute ist sie nicht auf staubige Nahrung aus, der Sinn steht ihr mehr nach Süßem. Trotzdem kann sie nicht verhindern, daß sie bereits nach wenigen Schritten wie frisch gepudert aussieht. Im Zentrum des Saftmals angekommen – sie ist jetzt fast am Ziel –, tastet sie mit ihrem langen Rüssel den Blütengrund ab. Die äußerste Spitze, die »Zunge«, ist mit vielen Geschmackszellen besetzt. Endlich meldet ihre »Zunge«, hier ist es süß. Nun beginnt die Arbeiterin zu saugen.

Abb. 27: Individualisierung bei nahen Verwandten: verschiedene Potentilla-Arten mit unterschiedlichem Ultraviolettfarbmuster.

Abb. 28: Zwei weiße Blüten, die sich stark in ihrer UV-Lichtreflexion unterscheiden und daher den Insekten sehr verschieden erscheinen: a) Hibiscus trionum, b) Platycodon grandiflorum.

Der Himmelskompaß

Unsere Biene hat ihre Honigblase randvoll gefüllt. Viele Blüten hat sie angeflogen, von deren Nektar getrunken und ganz nebenbei die Wirtin bestäubt. Sie will sich nun schwerbeladen auf den Heimweg machen. Jeder Umweg fällt jetzt schwer. Ein Blick zum Himmel sagt ihr sofort, wohin sie fliegen muß. Die Sonne ist ihr Wegweiser. Um wieder nach Hause zu kommen, muß sie nur einen ganz bestimmten Winkel zur Sonne einhalten.

Diese Art der Orientierung wäre einfach, wenn sich die Sonne nicht am Firmament bewegen würde. Probleme entstehen, da sich der Sonnenstand innerhalb weniger Stunden ändern kann und Schwankungen innerhalb der verschiedenen Jahreszeiten bestehen. Wenn die Biene ihren Sonnenkompaß benutzen will, muß sie all diese Veränderungen in ihre »Berechnungen« mit einbeziehen, um tatsächlich ihr Ziel zu erreichen. Sie braucht eine ständig arbeitende Uhr, die ihr Tages- und Jahreszeit genau angibt. Fast jedes Lebewesen hat eine derartige mehr oder weniger gut funktionierende »innere Uhr«. Mit diesem interessanten Phänomen befaßt sich ein eigener Wissenschaftszweig, die Chronobiologie. Auch der Mensch hat eine »innere Uhr«, die unter anderem den Schlaf-Wach-Rhythmus bestimmt.

KARL VON FRISCH hat die Existenz einer »biologischen Uhr« bei Bienen mit folgendem Versuch nachgewiesen: Zwei Bienenvölker starteten von München in Dunkelkammern nach Paris. Dort wurden sie auf eine bestimmte Fütterungszeit dressiert. Von Frankreich wurde eines der beiden Völker in einer Dunkelkammer nach New York geflogen. Wenn in Paris die Sonne um 12 Uhr mittags im Zenit steht, ist es in New York gerade 7 Uhr morgens. Die kleinen Weltreisenden konnten zwar in ihrer dunklen Kiste die Sonne nicht sehen, sie kamen jedoch auch in New York zur gewohnten Pariser Zeit zu Tisch und bewiesen damit, daß Bienen nicht nur auf den Sonnenstand angewiesen sind, sondern eine eigene Uhr in sich tragen.

Unsere Biene hat sich auf dem Heimweg ermüdet niedergelassen, um ein wenig auszuruhen. Der Himmel hat sich inzwischen verdüstert, und dicke Wolken haben sich vor die Sonne geschoben. Trotzdem findet die Heimkehrerin nach Hause. Dabei weisen ihr bestimmte Zeichen am ultravioletten Himmel, das sogenannte Polarisationsmuster, den Weg.

Um zu verstehen, wie die Biene diese Hell-Dunkel-Muster, die abhängig vom Sonnenstand am Himmel erscheinen, zur Orientierung nutzen kann, sind einige physikalische Grundkenntnisse nötig. Man kann Licht als Wellenbewegung verstehen, deren Schwingungsebene im natürlichen Zustand ständig wechselt. Polarisiertes Licht schwingt nur in einer Ebene. Wellen von verschieden polarisiertem Licht können sich gegenseitig auslöschen oder verstärken. Dieses Phänomen der Interferenzmuster ist vielen Menschen von klein auf vertraut: Wirft man einen Stein in eine Pfütze, so zeigen sich im Wasser kreisförmige Wellenberge und Wellentäler. Wellenberge entstehen dort, wo sich Druckwellen gegenseitig überlagern. Wellentäler entstehen dort, wo sich die Druckwellen gegenseitig auslöschen. Man kann nun dieses Wellental- und Wellenbergprinzip auf polarisiertes Licht übertragen: helle Felder entstehen dort, wo sich am Himmel Wellen polarisierten Lichtes überlagern, dunkle Felder entstehen hingegen dort, wo sich Lichtwellen gegenseitig auslöschen.

Das menschliche Auge kann zwischen natürlichem und polarisiertem Licht nicht unterscheiden, für Insektenaugen ist polarisiertes Licht jedoch etwas Besonderes: sie können die Schwingungsrichtungen erkennen und sich danach orientieren.

Die fünfäugige Biene

Insekten besitzen nicht nur zwei große starre Augen links und rechts des Kopfes, sondern zusätzlich drei kleine Augen mitten auf der Stirn. Eine Biene hat also insgesamt fünf Augen. Die Stirnaugen oder Ocellen haben jedoch eine untergeordnete Bedeutung. Sie liefern keine Bilder – diese Funktion haben die Facettenaugen übernommen –, sondern sind auf das Erkennen von Hell-Dunkel-Übergängen und Schwachlicht spezialisiert und dienen wahrscheinlich unter anderem der Justierung der inneren Uhr.

Unsere Biene ist kurz vor dem Ziel. Ihr Volk lebt in einem Bienenhaus, zusammen mit 11 Nachbargemeinschaften. Die Fluglöcher aller 12 Völker sehen in ihren Augen gleich aus. Einige ihrer Schwestern stehen vor dem Fluglöch und sterzeln. Der Duft, der von ihren Hinterleibern ausgeht, ist der Heimkehrerin vertraut, sie weiß nun, daß sie richtig ist. Sie fliegt an, wird von den Wächterinnen überprüft und darf passieren – sie ist zu Hause.

Die Sprache der Bienen

Die Bedeutung des Duftes

Duft ist ein sehr wichtiges Kommunikationsmittel im Bienenstock, das insbesondere das soziale Leben regelt. Unsere Biene wird von sterzelnden Schwestern heimgelotst. Die Arbeiterinnen stehen mit hochgerecktem Hinterleib am Stockeingang und fächeln den Ankömmlingen Duftstoffe aus ihren ausgestülpten Nassanoffschen Drüsen entgegen. Gruppen sterzelnder Bienen sind im Frühjahr, wenn die Erinnerung an umliegende Orientierungspunkte durch den langen Winter verblaßt ist, oder beim Einzug eines Schwarmes in ein neues Heim zu beobachten (Abbildung 29). Dieses Verhalten soll den suchenden Heimkehrerinnen sagen: »Kommt hierher, hier leben Bienen.«

Alle Arbeiterinnen verbreiten im Gegensatz zur Königin den gleichen, unspezifischen Bienengeruch. Der Königinnenduft individualisiert als Stockgeruch die Bienenwohnung. Jede Biene eines Volkes trägt dieses Königinnenparfüm, und auch das Heim riecht nach der jeweiligen Stockmutter. Der Duft ist wie ein Türschild, das den Familiennamen trägt und allen verdeutlicht: »Hier wohnen die Biens.« Der Hofstaat erbettelt von der Königin ein Pheromon der Oberkieferdrüse, das sich aus zwei Fettsäuren, der 9-Hydroxydecensäure und der 9-Oxodecensäure, zusammensetzt. Von den Pflegebienen ausgehend, wird die Königinnensubstanz im gesamten Stock verteilt. Obwohl dieser Duftstoff nur in Spuren vorhanden ist, hat die Königinnensubstanz eine gewaltige Wirkung auf das Volk: das Pheromon fördert den Zusammenhalt einer Sippe, unterdrückt die Eientwicklung bei den Arbeiterinnen und hemmt den Ausbau von Weiselzellen. Fehlt dieser Stockgeruch, weil beispielsweise die Königin verendet ist, stellt sich das Leben der Gemeinschaft innerhalb weniger Stunden auf den Kopf. Das Volk wird unruhig und stechlustig, Weiselzellen werden ausgebaut –

Abb. 29: Sterzelnde Biene am Flugloch.

Brutzellen von Arbeiterinnen werden umgebaut, um schnellstmöglich eine Thronfolgerin heranzuziehen. Mißlingt dieser Versuch, so beginnen sich nach einigen Wochen die Genitalien der Arbeiterinnen zu entwickeln. Aus den unbefruchteten Eiern der umgewandelten Arbeiterinnen schlüpfen schließlich kleine Drohnen. Die Arbeitsbiene wurde zum Drohnenmütterchen oder Afterweisel. Da jedoch die Arbeiterinnen nicht von den Drohnen begattet werden können, ist das Bienenvolk dem Untergang geweiht.

Der Bienentanz

Und wieder war es KARL VON FRISCH, der dem faszinierendsten Element der Bienensprache auf die Spur kam – dem Bienentanz. Er beobachtete, wie sich eine Biene mit Honig von einem Tischchen vollsaugte und zum Stock zurückflog. Um sie wiederzuerkennen, kennzeichnete VON FRISCH die Biene mit einem Farbpunkt auf dem Rücken. Nach kurzer Zeit hatte sich die Lage der Futterstelle unter den Bienen herumgesprochen, und bald war das Tischchen voller Bienen, die fast alle aus dem Volk der gekennzeichneten Kundschafterin stammten. Erstaunlicherweise kamen die Honigbienen sogar, wenn die Entdeckerin daran gehindert wurde, den Stock wieder zu verlassen – sie konnte ihren Geschwistern also den Weg nicht »vorfliegen«.

Wie »erzählt« die Kundschafterin von ihrer Entdeckung? Das überraschende Ergebnis war – sie tanzt. Die Tanzfläche befindet sich an einem beliebigen Ort auf dem Wabenbau im Stockinneren. Zuerst würgt die Kundschafterin eine Futterprobe aus ihrer Honigblase und läßt die Umstehenden davon kosten, dann beginnt sie zu tanzen. Da es im Stock sehr dunkel ist, versuchen die Umstehenden, Körperkontakt zur Tänzerin zu halten oder ihren Tanzfiguren hinterherzukrabbeln. Je »begeisterter« die Biene von ihrem Fund ist, desto heftiger tanzt sie, und desto mehr Stockgenossinnen werden von ihr angesteckt.

Die Tanzfiguren unterscheiden sich je nach Entfernung der Futterquelle zum Nest: Wenn der Futterplatz weniger als 90 bis 100 Meter (Carnica-Rasse) vom Bienenstand entfernt ist, zeigt die Kundschafterin einen Rundtanz (Abbildung 30). Dabei läuft sie auf einer engen Kreisbahn und wechselt gelegentlich die Richtung. Während des Tanzes betteln die Tanzpartner immer wieder um eine weitere Futterprobe, damit sie sich ein Bild von der Qualität des Futters machen können. Mit Hilfe des Rundtanzes und der Futtergaben teilt die Tänzerin mit: »Sucht rund um den Stock, dann findet ihr das Futter, das ihr gerade probiert habt.«

Wesentlich komplizierter wird die Tanzfigur, wenn sich die Futterquelle mehr als 100 Meter vom Stock entfernt befindet, denn dann müssen die Entfernung der

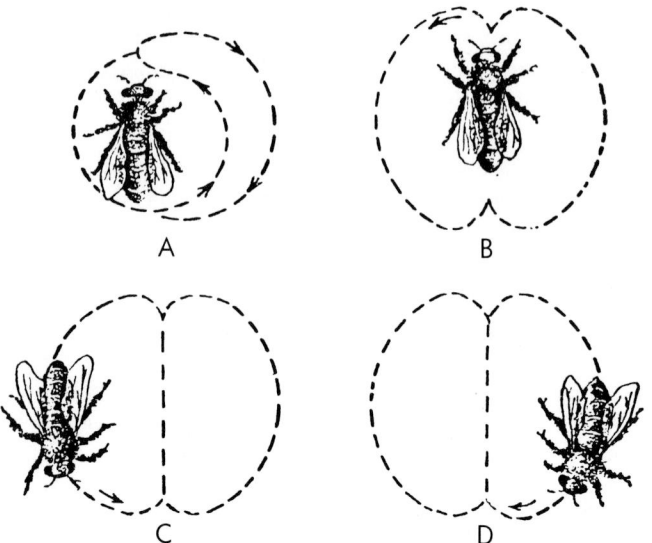

Abb. 30: Rundtanzfigur, bei der die Arbeiterin auf Kreisbahnen läuft.

Futterquelle zum Stock und die Flugrichtung in die abstrakte »Tanzsprache« eingebaut werden. Die resultierende Tanzfigur, der Schwänzeltanz, hat die Form einer gestauchten Acht (Abbildung 31). Der Name leitet sich von einer auffallenden Tanzbewegung im Mittelteil der Acht ab, also zwischen den beiden Kreisen. Die Biene bewegt ihren Hinterleib sehr schnell hin und her – sie schwänzelt – und erzeugt gleichzeitig einen Tanzlaut, der an ein aufgeregtes Schwirren erinnert. Je weiter die Futterquelle vom Stock entfernt ist, desto heftiger und anhaltender werden die Schwänzelbewegungen innerhalb der getanzten Acht.

Der Schwänzeltanz gibt auch Auskunft über die Flugrichtung, indem die Acht in einem bestimmten Winkel zur Vertikalen getanzt wird. Der Winkel entspricht dem Winkel zwischen Sonne und Futterquelle. Diese getanzten Informationen genügen, um jede Biene zu einer beliebigen Futterstelle zu lotsen. Der Bienentanz ist eine im Tierreich einmalige, hochentwickelte Form abstrakter Kommunikation.

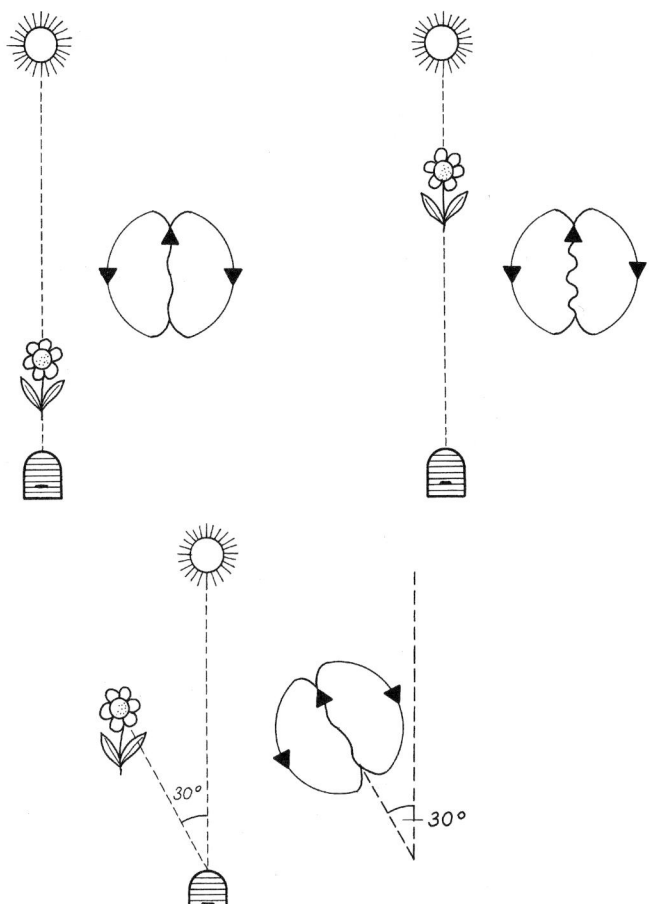

Abb. 31

Eigene Bienenhaltung

Es ist sinnvoll, sich vor der Anschaffung des ersten Volkes theoretisches Grundwissen aus der Fachliteratur zu erwerben. Noch besser wäre es, einem Imker bei seiner Arbeit über die Schulter zu schauen oder einen Einführungskurs zu besuchen. Diese Kurse sind nicht allzu teuer und werden regelmäßig von guten Imkervereinen angeboten, wobei ein erfahrener Imker die einzelnen Techniken der Bienenpflege demonstriert und erklärt. Aber auch außerhalb der Kurse erhält man bei den Imkervereinen Antworten auf eventuell auftretende Fragen. Ansprechpartner sind die Bayerische Landesanstalt für Bienenzucht, Burgbergstr. 70, 91054 Erlangen, Tel: 09131/78730, Fax: 09131-787322 und die staatlichen Bienenfachberater der einzelnen Regierungsbezirke. Im Regierungsbezirk Oberbayern ist derzeit Arno Bruder (089-2176-3430) zuständig. Zusätzlich gibt es verschiedene Monatsmagazine, die zahlreiche Tips und Informationen enthalten, wie »Der Imkerfreund«, ein Organ des Landesverbandes Bayerischer Imker e.V., die »ADIZ« (Allgemeine Deutsche Imkerzeitung), das »Deutsche Bienen Journal« und die »Bienenpflege«. Tabelle 1 gibt einen Jahresüberblick über die anstehenden Arbeiten des Imkers.

Das erste Volk

Jeder hat unterschiedliche Gründe, warum er Bienen halten will (Abbildung 32). Zwei Fragen sind für den Anfang wichtig:

Abb. 33: Die Carnica-Rasse ist besonders friedlich.

Jahresüberblick

Sommersonnenwende →
Wintersonnenwende →

	Januar	Februar	März	April	Mai	Juni	Juli	August	September	Oktober	November Dezember
Die wichtigsten Trachten		Haselblüte Weidenblüte					diverse Sommerblüher Lindenblüte	Bärenklau Sonnenblumen	Phazelia Heidekraut, Honigtau		
			Raps-, Obst- und Löwenzahnblüte				Weißklee Honigtau				
Biologie der Bienen	Wintertraube	Reinigungsflug			Schwarmaktivität und Begattungsflug Hochblüte der Bienenaktivität: Sammeln, Brut u. höchste Populationszahlen			Drohnen-schlacht			
	bruttfrei	Beginn des Brutgeschäfts			Bautätigkeit		← langsame Abnahme des Brutgeschäfts →				bruttfrei
Imkerliche Arbeiten übers Jahr hinweg	Rähmchen herstellen und Mittel-wände ein-löten. Wachs-ar-beiten Honig abfül-len	Entfernen der Maus-schutzgitter erste Kontrolle: • evtl. Einengen • Krankheitskontrolle In einem langen kalten Frühjahr: • Notfütterung (Futterteig und Pollenersatzstoffe) vor allem in alpinen Regionen Versorgung mit Wasser			Schwarmverhinderung durch: • Schwarmzellenkontrolle (bis Ende Juli) • Ablegerbildung (Altköniginnen- und Brut-ableger bis Ende Juni) Erweitern und evtl. Mittelwände zugeben Pollenernte evtl. Königinnenzucht an Belegstellen mit Begattungskästchen			letztes Schleudern (Ausnahme: Spättrachten, Wanderimker) Wintervorbereitungen: • Einfüttern mit Zuckerwasser/ Futterteig (bis Mitte September abschließen) • schwache Völker (unter 4 Waben) vereinigen		Mausschutzgitter ggf. Einengen der Fluglöcher gelegentl. Standkontrolle Reparaturen am Stand Waben ausschneiden Dampfwachsschmelzer	
					Schleudern der Früh-jahrstracht		Schleudern der Sommertracht	Schleudern der Sommertracht	Varroa-Bekämpfung (Ameisensäure)		

Tabelle 1

Abb. 32

Welche Bienenrasse?

Empfehlenswert ist die bei uns überwiegend anzutreffende Carnica-Biene (Abbildung 33). Sie zeichnet sich durch eine besondere Sanftmütigkeit aus, ist wabenstet (das heißt, sie fliegt beim Anfassen der Waben nicht sofort auf), anpassungsfähig und stabil gegen Krankheiten. Aufgrund dieser Eigenschaften eignet sich die Carnica-Biene besonders gut für den Anfänger.

Woher können die Bienen bezogen werden ?

Wenn Sie bereits im Frühjahr mit der Bienenhaltung beginnen und noch im selben Jahr Honig ernten möchten, sollten Sie sich beim Imker nach einem überwinterten Vollvolk umsehen. Da sich kein Imker im Frühjahr gerne von seinen Völkern trennt, müssen Sie etwa 100 bis 200 DM für ein Volk veranschlagen. Andernfalls können Sie sich an den nächsten Imkerverein wenden oder den Anzeigenteil einschlägiger Fachjournale studieren.
Im Sommer werden gelegentlich herrenlos gewordene Bienen von der Feuerwehr eingefangen und kostenlos an Interessenten abgegeben. Man weiß bei diesen Schwärmen jedoch nie, ob die Bienen krank oder aggressiv sind oder das Schwärmen im Blut haben, also bei der nächsten Gelegenheit ihren neuen Besitzer wieder verlassen.
Die billigste und sicherste Methode ist der Erwerb eines Ablegers, worunter komplette Minivölkchen mit einer begatteten jungen Königin zu verstehen sind, die der Imker von einem starken Vollvolk abzweigt. Ableger sind bereits ab Anfang Juni bei Imkern erhältlich und kosten nur etwa halb so viel wie ein überwintertes Vollvolk. Da der Anfänger in der Regel noch viele Fehler macht, wird er im ersten Jahr von seinem Völkchen nur wenig Honig erhalten.

Die Bienenwohnung

Unter einer Beute versteht man eine vom Menschen hergestellte Bienenwohnung. Die Zeit des Bienenkorbes, der lange Zeit die klassische Bienenbehausung darstellte, ist fast vorüber. In der Lüneburger Heide werden noch heute als »Stülper« bezeichnete Bienenkörbe verwendet. Dem Imker stehen inzwischen handlichere und praktischere Beuten zur Verfügung.
Die Bienenhalter in Deutschland haben sich jedoch bisher nicht für eine einheitliche Behausung entschieden, da die Bienenhaltung vor allem ein Freizeitspaß ist. Da es darüber hinaus keine Normmaße gibt, sind der Imkerphantasie und dem Experimentierdrang keine Grenzen gesetzt. Der Bienenhalter kann entweder seine Beuten selbst planen und bauen oder beim Fachhandel verhältnismäßig teuer erstehen.

Letztendlich kann man in jedem Kasten imkern. Wichtig ist, welche Bienen einziehen sollen und welcher Imker dahintersteht. Einige Kriterien sollte eine gute, praktikable Bienenwohnung aber dennoch erfüllen: Sie sollte groß genug sein, um ein starkes Volk aufzunehmen (circa 120 l Volumen); sie sollte leicht von oben zu bearbeiten und transportabel sein, damit der Imker gegebenenfalls mit seinen Bienen auf Wanderschaft gehen kann; zudem sollte sie über eine Lüftungs- sowie eine Fütterungsmöglichkeit verfügen und so gefertigt sein, daß alle Teile paßgenau sind.

Magazinbeute

Ein Magazin besteht aus würfelähnlichen Bauelementen, die stumpf oder anhand von Führungsleisten aufeinandergestapelt werden können (Abbildung 34). In jeden Aufsatz passen 8 bis 10 Rähmchen. Unter einem Rähmchen versteht man einen schmalen Holzrahmen, in den die Bienen ihre Waben bauen. Die Rähmchen weisen auf der Oberleiste Tragohren auf, an denen sie nebeneinander in die Aufsätze eingehängt werden können. Die Zahl der Würfelauf-

Abb. 34: Das Magazin kann das ganze Jahr über im Freiland stehen.
Das Magazin besteht aus stapelbaren Aufsätzen, in die die Waben eingehängt werden.

sätze, in der Fachsprache Zargen genannt, kann je nach Volksstärke erhöht oder verringert werden. Meist werden jedoch zwei Würfel als Brutraum und ein dritter darauf befindlicher Würfel als Honigraum eingesetzt, wobei sich der Imker eine typische Verhaltensweise der Bienen zunutze macht. Bienen speichern die Vorräte in ihrem natürlichen Nest immer oberhalb der Brut, weshalb sich der Honig mit großer Sicherheit in der obersten Zarge, dem Honigaufsatz, befindet. Der Deckel stellt gleichzeitig das Dach dar. Am unteren Magazinende befindet sich eine Futterzarge, in die bei Bedarf zusätzlich ein Varroa-Gitter eingeschoben werden kann. Das Magazin kann das ganze Jahr über im Freiland auf der Erde aufgestellt werden. Um einer vorzeitigen Verrottung des Bodenteils vorzubeugen, sollte man jedoch das auf dem Boden aufliegende Holz zusätzlich mit einem bienenungiftigen Imprägnierungsmittel, zum Beispiel *Xylamon*, behandeln.

Weltweit verbreitet ist das Langstroth-Magazin, in Deutschland findet es jedoch weniger Anwendung, hier kommen das Zander-Magazin und das Erlanger Wandermagazin zum Einsatz. Magazine werden heute nicht nur aus Holz, sondern auch aus anderen Materialien, zum Beispiel Kunststoff, hergestellt. Die Kunststoffbeute fault nicht, ist leicht, aber mechanisch anfällig (Mäuse, Stoßschäden), im Inneren kann es zudem relativ feucht werden. Holz ist eben nach wie vor der natürliche, bewährte Baustoff für Bienenwohnungen.

Vorteile: Magazine haben gegenüber anderen Beutetypen einige Vorteile: Ein geschickter Bastler kann sie jederzeit selbst herstellen. Alle Aufsätze haben die gleiche Höhe, da Brut- und Honigraumwaben auf das gleiche Rähmchenmaß abgestimmt sind. Magazine sind zudem mit wachsender Volksstärke erweiterbar. Wer mit seinen Bienen auf Wanderschaft gehen will, kann vom Bodenbrett bis zum Deckel alles fest miteinander verbinden; sicherheitshalber sollte man das Ganze mit einem Gurt festzurren.

Die Schwarmkontrolle ist jedes Jahr im Sommer mit viel Arbeit verbunden. Die Konstruktion der Magazinbeute erleichtert die Nachschau. Die einzelnen Bauelemente der Magazinbeute können nach vorne gekippt werden, um eventuell angelegte Schwarmzellen im unteren Rähmchenbereich zu erkennen. Leider ist diese Methode nicht sehr sicher, da die Bienen auch am oberen Rähmchenrand oder mitten auf den Waben Königinnen heranziehen und ausschwärmen können.

Nachteile: Die Magazinimkerei hat jedoch gravierende Nachteile: Um den Honigraum frei von Bienenbrut zu halten, wird der Königin durch eine Absperrgitter der Zutritt verwehrt. Das Königinnenabsperrgitter ist jedoch ein unnatürlicher Eingriff in das soziale Leben der Bienen. Wenn die Waben nach einer Tracht reichlich mit Honig gefüllt sind, ist das Magazin zudem sehr schwer. Um am Brutraum zu arbeiten, muß der Honigaufsatz unter großem Kraftaufwand abgenommen werden. Für Frauen oder ältere Menschen gibt es weniger kräfteraubende Alternativen.

Trogbeute

Die Trogbeute besteht im wesentlichen aus zwei Elementen – einem voluminösen Brutraum und einem (oder mehreren) halbhohen Honigraumaufsatz (Abbildung 35). Durch einen Trick kann man die Honigwaben auch ohne Absperrgitter von der Brut freihalten. Das Geheimnis sind Dickwaben im Honigraum. Bei diesen Waben sind die Zellen so tief, daß die Königin den Grund zur Eiablage nicht erreichen kann. Die Dickwaben werden daher nicht bestiftet und bleiben frei für die Honigeinlagerung.

Der voluminöse Brutraum faßt 20 Rähmchen, je nach Volksstärke können Waben entfernt oder dazugehängt werden. Direkt auf den Rähmchen befindet sich eine transparente Plastikfolie, die aus verschiedenen Gründen vorteilhaft ist. Zum einen kann der Bienenvater durch die Folie hindurch den Brutraum überblicken, ohne die Bienen zu stören, zum anderen sammelt sich an der Plastikschicht Kondenswasser, das die Bienen dankbar (vor allem, wenn es draußen

Abb. 35: Komplette Trogbeute mit einem großen Brutraum und zwei Honigraumaufsätzen.
Im Unterschied zur Magazinbeute arbeitet der Trogbeuten-Imker mit zwei verschiedenen Rähmchenmaßen: die große Wabe gehört zum Brutraum, die halbhohe Dickwabe paßt in den Honigraum.

sehr kalt ist) abnehmen. Ein weiterer Vorteil ist die leichte Handhabung. Außerdem ist es für einen Anfänger leichter, mit Trogbeuten zu imkern, da er sich keine Gedanken machen muß, wie viele Aufsätze das Volk nun braucht oder ob umgehängt werden muß.

Die Trogbeute eignet sich besonders für die Aufstellung in Bienenhäuschen und Freiständen. Der Imker kann aber damit auch wandern. Um die Beute vor vorzeitigem Verrotten zu bewahren, sollte die Bienenwohnung vor ständiger Bodennäße und -kälte geschützt werden. Hierzu genügen einige untergelegte Balken und etwas Teerpappe, die gleichzeitig ein brauchbarer Regenschutz ist. Das Abdecken ist zwar arbeitsaufwendiger, verlängert aber das Leben der Bienenwohnung ganz beträchtlich.

Wer sich über die Vorteile der Trogbeute und deren Effektivität näher informieren möchte, wende sich bitte an den ehemaligen Fachberater und vereidigten Sachverständigen der Regierung von Oberbayern, Herrn Vinzenz Weber, Weiler Dietlhofen 5, 82362 Weilheim. Er hat die Trogbeute weiterentwickelt und vergleichende Untersuchungen zum Imkern mit Magazin- und Trogbeuten durchgeführt. Eine ausführliche Bauanleitung zur Herstellung einer Trogbeute ist in seinem Buch »Leichter imkern mit Trogbeuten« (Ehrenwirth Verlag) enthalten.

Hinterbehandlungsbeute

Dieser Beutentyp ist inzwischen aus der Mode gekommen. Wie der Name bereits andeutet, kann die Hinterbehandlungsbeute nur von hinten geöffnet werden. Und damit wird es kompliziert, wenn man die vorderen, fluglochnahen Waben kontrollieren muß. Alle dahinterliegenden Waben (und das sind fast alle) müssen der Reihe nach herausgenommen und außerhalb des Stocks abgestellt werden, bis man endlich an die Frontwaben gelangt. Diese sehr umständliche Betriebsweise ist auch für die Bienen schädlich. Beim Zwischenlagern der Waben außerhalb der Beute fallen Bienen auf den Boden und werden zertreten. Die noch flugunfähigen Jungbienen finden nicht mehr von selbst zurück und verenden schließlich jämmerlich. Zudem erhält der Imker Stiche in Fußknöchel und Gesicht, da er bei der Arbeit zwangsläufig in den Stock atmen muß.

Blätterstock

Der Blätterstock ist eine Sonderform der Hinterbehandlungsbeute. Er eignet sich gut für Behinderte, da man im Sitzen arbeiten kann. Aufgrund einer besonderen Konstruktion (Abstandskämme) kann man die Waben wie ein Buch blättern. Das hat den Vorteil, daß jede Wabe einzeln herausgenommen werden kann. Er ist jedoch nicht erweiterungsfähig und damit für starke Völker zu klein. Da abgeschlossene Blätterstock- und Hinterbehandlungsbeuten problemlos übereinandergestapelt werden können, eignen sie sich für das Imkern in Bienenhäusern. Viele Völker finden so auf relativ begrenztem Raum Platz. Man sollte jedoch bedenken, daß der Honigeintrag pro Volk um so geringer ausfällt, je höher die Volkszahl pro beflogener Fläche ist. Da unsere monostrukturierte Agrikulturlandschaft leider nur für wenige Völker genügend Nahrung bietet, sollte man nicht mehr als 10 bis 15 Völker auf engem Raum aufstellen.

Vorbereitende Arbeiten

In der Regel kann das neue Volk mitsamt Waben aus einer Transportkiste oder einer geliehenen Beute in den neuen Bienenkasten einquartiert werden. Zur Eingewöhnung sollte man 14 Tage lang Zuckerteig (Herstellung siehe Seite ....) füttern. Bei guter Behandlung und entsprechender Tracht wächst das Volk schnell. Die Verdrahtung von Rähmchen und das Einlöten der Mittelwände sind zwar eine entspannende Arbeit, nehmen aber viel Zeit in Anspruch. Aus diesem Grund sollte man sich einen Vorrat an betriebsbereiten Rähmchen anlegen. Man kann die Drähte auch schonen, wenn die ausgedienten Waben eingeschmolzen werden müssen, und sich damit viel Arbeit sparen (siehe Seite ...).

Abb. 36: Bienenkorb von unten: Die Waben sind fest mit dem Korbmaterial verbunden. Um an den Honig zu kommen, muß der Wabenbau zerstört werden.

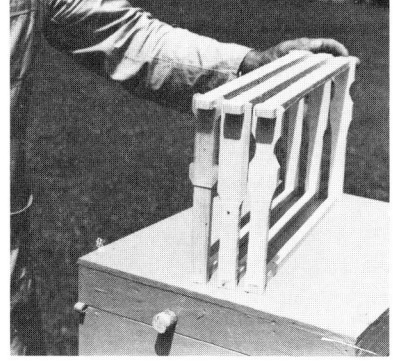

Abb. 37: Eine Mittelwand wird eingelötet: Plus- und Minuspol des Trafos werden an beiden Seiten der Drahtenden angelegt. Die Verdrahtung wird heiß und versinkt im Wachs der Mittelwand.

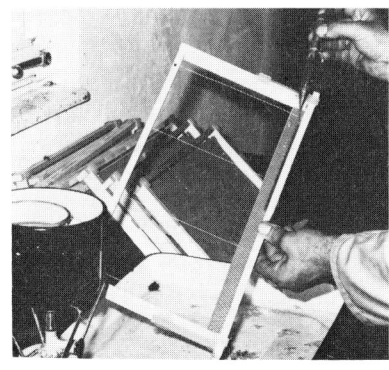

Für die Herstellung der Drohnenrähmchen muß nur ein schmaler Streifen einer Mittelwand angebracht werden.

Drahten der Rähmchen

Die Imkerei wurde mit der Erfindung des beweglichen Rähmchens revolutioniert. 1853 gelang es Baron von Berlepsch, Bienen zum Wabenbau in einem vorgefertigten Rahmen zu bewegen. Die Rahmen konnten auf diese Weise mitsamt den Waben einzeln aus dem Bienenkasten herausgezogen werden. Zum erstenmal mußte nicht der gesamte Bau zerstört werden, um an den geschätzten Honig zu gelangen (Abbildung 36).

Holzrähmchen dienen als Gerüst für die wachshaltigen, circa 1 Millimeter dicken Mittelwände, auf die ein Zellmuster geprägt ist. Die Mittelwände werden in die Rähmchen eingelötet und in die Beute eingehängt (Abbildung 37). Mit Hilfe des Wabenvordrucks kann man auf einfache Weise die Tätigkeit der Baubienen steuern. Sofern das Muster die Größe einer natürlichen Arbeiterinnenzelle aufweist, werden die Bienen Brutzellen für Arbeiterinnen oder Vorratszellen darauf ausbauen. Drohnenbrut entsteht normalerweise auf sogenannten Drohnenrahmen. Es handelt sich um einen gedrahteten oder ungedrahteten Baurahmen, in den ein schmaler Mittelwandstreifen am oberen Ende eingelötet ist. Den Rest des noch leeren Rähmchens bauen die Bienen entweder zu Drohnenzellen oder anderweitig aus.

Holzrähmchen sind in Einzelteilen im Fachhandel erhältlich. Die Teile müssen nur noch zusammengesteckt und vernagelt werden. Wegen der unterschiedlichen Rähmchenmaße muß man beim Kauf darauf achten, daß die Rähmchengröße zur gewünschten Beute paßt. In Süddeutschland ist das Hofmann- und Zander-Rähmchen am meisten verbreitet (26 x 37 cm), im Norden Deutschlands ist noch überwiegend das sogenannte »Normalmaß« im Einsatz. Die Rähmchen sind etwas niedriger als das Hofmann-Maß (223 x 370 mm).

Forschungen haben ergeben, daß sich Bienen bei einem Mittelwandabstand von 35 Millimetern am wohlsten fühlen. Bei einer Wabengassenbreite von 1 Zentimeter errichten die Tiere keine zusätzlichen Verbindungsbauten zwischen den Waben. Der Imker sollte dieses biologische Maß nach Möglichkeit einhalten. Hierzu stehen ihm als Hilfsmittel das Hofmann-Rähmchen oder der Abstandshalter zur Verfügung. Das Hofmann-Rähmchen ist am oberen Ende so verbreitert, daß sich ein optimaler Abstand zwischen den Waben ergibt. Sofern andere Rähmchen zum Einsatz kommen, sollte das benötigte biologische Maß mit Hilfe von Abstandshaltern sichergestellt werden.

Damit die Mittelwände später genügend Halt finden, müssen die Rähmchen mit Draht verspannt werden. Imker machen zwar gerne eine Philosophie aus der Frage, ob die Rähmchen besser längs oder quer verspannt werden sollen, im Prinzip ist es aber gleichgültig (Abbildung 38).

Die folgende Arbeitsanleitung gilt für die Längsverdrahtung der Rähmchen:

Arbeitsgeräte (im Fachhandel erhältlich):
- Rähmchendraht aus verzinktem Stahl (0,35 mm Durchmesser)
- Lochstanze oder Bohrmaschine mit Mehrfachrähmchenlocher

Arbeitsweise:
- Auf der Ober- und Unterseite des Rähmchens 4 Löcher in regelmäßigen Abständen in das Holz bohren. Der Imker mit wenigen Völkern wird hierzu einen im Imkergerätehandel erhältlichen Locher verwenden, man kann jedoch auch eine umgebaute Bohrmaschine mit Mehrfach-Rähmchenlocher (Abbildung 39) verwenden.
- Draht schrittweise durch alle Löcher fädeln und in Längsrichtung spannen.

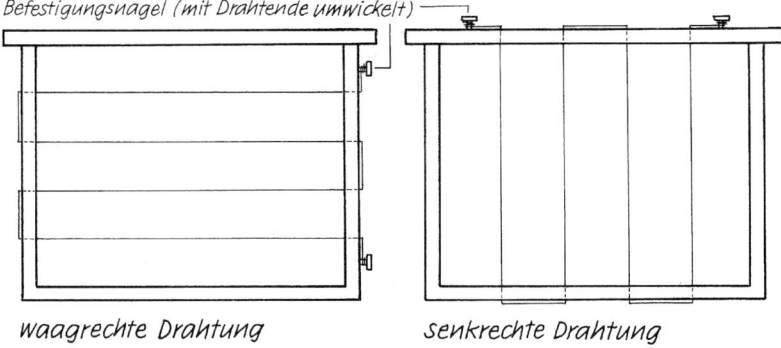

Befestigungsnagel (mit Drahtende umwickelt)

waagrechte Drahtung   senkrechte Drahtung

Abb. 38: Die Verdrahtung kann quer- oder längsverspannt sein, der Abstand der Drähte sollte jedoch nicht zu groß sein.

- Unmittelbar an den beiden Enden des Drahtes Flachkopfnägel in den Rahmen einschlagen und die Enden aufwickeln. Anschließend Nagel mitsamt Draht weiter ins Holz schlagen. Der Draht kann nun nicht mehr verrutschen.
- Die erste Mittelwand kann nun eingelötet werden.

Einlöten der Mittelwände

Mittelwände mit aufgeprägtem Zellmuster kann man selbst mit Hilfe einer Mittelwandpresse herstellen. Imker mit vielen Völkern recyceln auf diese Weise das Wachs aus eingeschmolzenen Waben, für den Anfänger mit wenigen Völkern

Abb. 39: Mit einer umgebauten Bohrmaschine wird das Lochen der Rähmchen wesentlich erleichtert.

ist dieser Aufwand jedoch zu groß. Fertig geprägte Mittelwände sind im Bienengerätehandel erhältlich. Die Mittelwände müssen anschließend in die Rähmchen eingelötet werden.

Arbeitsgeräte:
- Kleiner Trafo oder Rillenrad
- Anlötlämpchen, etwas Wachs

Arbeitsweise bei vorhandenem Stromanschluß:
- Trafo einschalten, durch kurzes Aneinanderhalten der Pole prüfen, ob Strom fließt. Bei Berührung des Plus- und Minuspols sind Funken zu sehen.
- Mittelwand so auf ein verdrahtetes Rähmchen auflegen, daß die geprägte Wachsplatte an der Rähmchenunterkante ansteht. Plus- und Minuspol des Trafos an die beiden Nägel halten, um die die Drahtenden gewickelt wurden. Der Draht wird heiß und schmilzt in die wächserne Mittelwand ein. Aufhören, sobald ein dunkler Strich im Wachs sichtbar wird, andernfalls schmilzt das Metall durch die Wachsplatte hindurch.
- Abfallwachs in einem kleinen Behälter über der Flamme des Anlötlämpchens einschmelzen und mit flüssig gewordenem Wachs eventuelle Lücken zwischen Mittelwand und Rähmchen zugießen (Abbildung 40).

Arbeitsweise ohne Stromanschluß:
- Bei fehlendem Stromanschluß muß die Drahtstabilisierung mechanisch mit Hilfe eines Rillenrades in die Mittelwand eingesenkt werden. Eine passende Holzunterlage unter den Drähten ist hilfreich, wenn das Rillenrad den Draht von oben her in die Mittelwand eindrückt.

Abb. 40: Imkerin gießt flüssiges Wachs zwischen Mittelwand und Rähmchen.

80

Wie richten sich Bienen in der Beute ein?

Die Bienen errichten Waben, um den eingeflogenen Nektar und Pollen zu lagern und die Brut aufzuziehen. Hierzu werden die Mittelwände nach den vorgegebenen Zellmustern ausgebaut.

Arbeiterinnenzellen entstehen aus Mittelwänden mit eingeprägtem Zellmuster, Drohnenwaben nehmen Form an in Leerrahmen mit einem schmalen Mittelwandstreifen, und Dickwaben im Honigraum werden aus Mittelwänden herausgezogen, die in halbhohe Rähmchen eingelötet wurden. In letztere werden die Honigvorräte eingelagert, und im Brutraum beginnt die Königin, die Zellen zu bestiften. Das Brutnest einer jungen, starken Stockmutter ist sehr dicht, das heißt, alle Nachbarzellen wurden bestiftet. Bei einer »schlechten« oder alten Königin ist das Brutnest hingegen lückenhaft.

Ausrüstung

Schutzkleidung

Wenn man den Worten mancher Imker glauben darf, »tut's nach dem siebten Stich nicht mehr weh«. Die malträtierte Körperstelle schwillt zwar nicht mehr so stark an, tut aber dennoch weh. Die Biene bezahlt den Stich hingegen mit ihrem Leben. Da die vielen Widerhaken an ihrem Stachel ein Herausziehen aus der Haut verhindern, reißt sich die Biene beim Losfliegen den gesamten Stachelapparat, einschließlich Giftblase, aus dem Leib und stirbt. Nach dem Stich wird das Gift aus der Giftblase weiter reflektorisch in die Einstichstelle gepumpt.

Aus diesem Grund sollte man den Stachel möglichst bald aus der Haut entfernen, und zwar möglichst weit unten, damit die Giftblase nicht zusätzlich gedrückt wird und das Restgift unter die Haut gelangt. Für einen gesunden erwachsenen Menschen sind selbst mehrere Stiche ohne gesundheitliche Folgen zu ertragen. Bei einem Stich in den Kehlkopf oder die Zunge kann jedoch durch das Zuschwellen der Luftwege Atemnot auftreten. In diesen Fällen sollte man möglichst schnell einen Arzt aufsuchen. EDMUND HEROLD empfiehlt als »Erste-Hilfe-Maßnahme«, einen Teelöffel Salz im Mund zergehen zu lassen (auf keinen Fall schlucken!). Das Salz scheint das Bienengift aus der Schleimhaut »herauszuziehen«.

Nach vielen Jahren schmerzhafter Erfahrung hat sich die Farbe Weiß als besonders besänftigend erwiesen. Blaue Farbtöne und dunkle Farben scheinen die

Bienen zu reizen – vielleicht weil der Erzfeind Bär einen dunklen Pelz hat? Haare und Wollkleidung sind ebenfalls ein stichhaltiger Grund. Hat sich eine Biene erst einmal im offenen Haar verfangen, wühlt sie sich immer tiefer hinein und sticht schließlich zu.

Ein weißer glatter Hut mit einem bis zur Brust reichenden dichten Gesichtsschleier und einem abschließenden Gummizug verhindert auf einfache Weise Stiche in den Kopf. Die restliche Kleidung besteht aus einem weißen glatten Overall (oder Imkeranzug) mit einem Gummizug an den Hand- und Fußgelenken. Manche Imker tragen zusätzlich Handschuhe, viele erfahrene Imker arbeiten lieber mit bloßen Händen, da sie die Handschuhe beim Arbeiten stören. Der Anfänger wird jedoch sicherlich ein behindertes Arbeiten mit Handschuhen vorziehen – manche Dinge bedürfen eben erst der Gewöhnung. Stiefel schützen zusätzlich vor schmerzhaften Stichen in den Knöchel, zum Beispiel beim Einfangen eines Schwarms.

Der Imker sollte vor seinen Bienen keine Angst haben, da Angst die Tätigkeit der Schweißdrüsen anregt und der Schweißgeruch die Stechlust seiner Schützlinge steigert. Da der Imker auch bei körperlicher Anstrengung schwitzt, sollte er von Zeit zu Zeit Hände und Gesicht mit Essigwasser einreiben. Verschiedenen Gerüchen, wie Essigwasser, Nelkenöl, Bittermandelöl (künstlich), Wintergrünöl und vor allem Rauch, »fliegen« Bienen lieber aus dem Weg. Die früher empfohlenen Karbollappen riechen zwar für Bienen unangenehm, sind aber für den Menschen gesundheitlich bedenklich.

Rauch löst bei Bienen zwei Reaktionen aus: sie flüchten zum einen vor direkter Raucheinwirkung und nehmen zum anderen vermehrt Nahrung auf. Bei diesem Verhalten scheint es sich um eine instinktive Reaktion auf eine mögliche Brandkatastrophe zu handeln.

Werkzeug

Dieses Instinktverhalten bei Raucheinwirkung nutzt der Imker aus. Wichtige Arbeitsgeräte sind *Smoker*, »*Vulkan*« oder *Imkerpfeife*. Alle genannten Varianten eines Rauchbläsers ermöglichen wiederholte kräftige Rauchgaben, um das Volk in Schach zu halten. Als Brennmaterialien dienen Torf, Tabak (hat eine leicht betäubende Wirkung auf Bienen), Faulholz, Jute oder getrocknete Pflanzen wie Schafgarbe, Beifuß oder gemeiner Rainfarn. Wer sich keine Arbeit mit Ernten und Trocknen machen will, kann im Fachhandel fertige Rauchmischungen kaufen.

Um Bienen mechanisch von einem bestimmten Ort zu entfernen, ohne sie zu verletzen, werden die *Schwungfedern* von Gänsen oder Schwänen verwendet. Ein käuflicher Ersatz ist der *Abkehrbesen*, der öfter gewaschen werden sollte.

Manchmal wird auch das *Abwehrspray* zu Hilfe genommen, es kann aber den Rauch nicht ersetzen. Man verwendet es beispielsweise, um versprengte Gruppen rings um einen Schwarm von einer unzugänglichen Astgabel zu vertreiben. Leichter Regen besänftigt die Gemüter und macht Bienen vorübergehend flugunfähig (die Flügel kleben zusammen). Deshalb gehört auch ein *Wasserzerstäuber*, wie er im Haushalt eingesetzt wird, zur Grundausstattung.

Ein mit wenigen Tropfen *Nelkenöl getränktes Tuch*, etwa ein saugfähiges Geschirrtuch, das auf den Brutraum aufgelegt wird, verhindert ein Auffliegen der aufgeschreckten Bienen und hat zusätzlich beruhigende Wirkung.

Der *Stockmeißel* ist ein universelles Arbeitsgerät. Damit können Waben gelockert, Wachsränder abgekratzt und abgeschabt und Holz gestemmt werden. Etwas spezialisierter wird der *Wabenheber* eingesetzt. Da die Waben von den Bienen häufig mit Kittharz fixiert werden, lassen sie sich nur schwer aus der Beute entfernen. Mit Hilfe des Wabenhebers können die verklebten Rähmchen vorsichtig gelockert und die Waben unbeschadet einzeln kontrolliert werden. Zur Zeit der Schwarmkontrolle sollte jeder Imker ein kleines stabiles *Messer* bei sich tragen, um damit unbestiftete Schwarm- oder Nachschaffungszellen aus den Waben zu schneiden.

Wer mit Hinterbehandlungsbeuten arbeitet, benötigt eine *Wabenzange* und eine *Gemüllkrücke*, um das Wintergemüll bei der ersten Kontrolle im Frühjahr aus der Beute zu entfernen. Auf einem *Wabenbock* können Waben außerhalb der Beute zwischengelagert werden (Abbildung 41).

Abb. 41: Imkerwerkzeuge: Wasserzerstäuber, Vulkan, davor Torf, mit Nelkenöl getränktes Tuch, Flasche mit Essigwasser (hinten). Handschuhe, Stockkarte, Messer, Wabenheber, Stockmeißel, Klipskäfig, Abkehrbesen (vorne).

Käfige

Will man eine Jungkönigin zu einem fremden Volk geben (Neubeweiselung beziehungsweise Umweiselung), so müssen sich beide Parteien erst langsam aneinander gewöhnen. Zu ihrem eigenen Schutz wird die Königin in einen sogenannten *Zusetzkäfig* gesperrt und erst dann den fremden Artgenossen zugesetzt (Abbildung 42). Sie ist im Käfig so lange vor etwaigen Angriffen geschützt, bis die Bienen ihre neue Königin akzeptiert haben. Diese Zusetzkäfige sind in verschiedenen Varianten erhältlich. Eine sehr primitive Form sind *Lockenwickler*. Sie müssen zumindest zur Hälfte in flüssiges Wachs getaucht werden, bevor eine Jungkönigin eingesperrt werden kann. Ohne Wachswand wäre die Königin nahezu schutzlos den Angriffen des fremden Volkes ausgeliefert. Zusetzkäfige aus Holz bieten der Königin zumindest auf einer Seite eine Fluchtmöglichkeit. Einen *Klipskäfig* braucht man häufig, um eine Königin vorübergehend aus dem Volk zu fangen.

Die Anschaffung der aufgezählten Ausrüstungsgegenstände ist relativ preisgünstig. Im Bienengerätehandel müssen für Werkzeug und Käfige circa 160 DM und für die komplette Schutzkleidung (Imkeranzug, Schleier, Handschuhe, Hut) circa 130 DM gezahlt werden. Teuer sind vor allem die Bienenwohnungen (150 bis 250 DM), die Honigschleuder (circa 800 DM), der (Dampf-)Wachsschmelzer (circa 1300 DM) und die Völker selbst. Ein Sonnenwachsschmelzer läßt sich mit etwas Geschick selbst herstellen. Teure Gerätschaften kann man unter Umständen vom örtlichen Imkerverein ausleihen.

Verschiedene kleinere Arbeitshilfen, zum Beispiel für das Zeichnen der Königin, das Verdrahten der Rähmchen, das Einlöten der Mittelwände oder die Honig- und Wabenpflege, sind an dieser Stelle nicht aufgezählt. Sie werden in den jeweiligen Kapiteln aufgeführt.

Abb. 42: Zusetzkäfig mit Königin: Wenn der Zuckerteig durchgefressen ist, haben Königin und fremdes Volk zum erstenmal Kontakt.

Wie sieht ein guter Bienenplatz aus?

Standort

Die Aufstellung muß genehmigt sein (Grundbesitzer, Nachbarn, gemeindliche und gesetzliche Verordnungen sowie spezielle Vorschriften, zum Beispiel des Naturschutzes).

Aus der Sicht der Bienen sollte der Platz weder zu feucht noch zu trocken sein. Verschiedene Faktorenseuchen, wie Nosema oder Kalkbrut, treten bei zuviel Feuchtigkeit besonders häufig auf. Aus diesem Grund sollte man die Bienen nicht direkt an den Rand eines Sees oder eines Wasserlaufes plazieren. Ungeeignet ist auch der Fuß eines Hanges, da hier die kalte Luft anfließt, oder eine Mulde, da sich dort Bodennebel halten. Am besten geeignet ist ein trockener, zugfreier Platz auf einer leichten Anhöhe, so daß Kälte und Feuchtigkeit abfließen können.

Bienentränke

Auch Bienen müssen trinken. Da bei Wassermangel Wasserholerinnen losgeschickt werden, sollte man seine Schützlinge nicht allzuweit schleppen lassen. Wenn kein natürliches Gewässer in der Nähe ist, stellt man am besten eine Bienentränke auf (Abbildung 43). Man muß jedoch darauf achten, daß kein Kot ins Wasser gelangen kann, da sich die Tränke ansonsten zu einer Seuchengefahr entwickeln könnte. An einem festen Stellplatz kann man eventuell einen kleinen Gartenteich anlegen. Das Randgebiet sollte sehr flach sein, damit die Bienen

Abb. 43: Bienentränke.

zum Wasserholen Platz nehmen können, ohne zu ertrinken. Außerdem wachsen an flachen Gewässerrändern viele hübsche Pflanzen, zum Beispiel Lilien, Sumpfdotterblume, Trollblume, Wasserdost, Mädesüß, Beinwell, Blut- und Gilbweiderich, die den Teich in eine wahre Augenweide verwandeln. Auch auf Seerosen können die Bienen problemlos zum Trinken landen.

Hecken

Eine Hecke oder ein Baum vor dem Bienenstandplatz schützt – zumindest zeitweise – vor direkter Sonneneinstrahlung. In gewissem Maße können sich Bienen bei Hitzestau auch selbst helfen. Sie versprühen Wasser im Stock und beginnen zu fächeln, wobei sich die Temperatur durch die Verdunstung etwas absenkt. Zum anderen zwingt eine Hecke einige Meter vor dem Flugloch die ausfliegende Garnison zum »Senkrechtstart«. Das Nachbargrundstück liegt somit nicht in der An- oder Abflugschneise, was für das friedliche Zusammenleben mit den Mitmenschen sehr nützlich sein kann.

Ausrichtung und Markierung des Flugloches

Schließlich bleibt noch zu klären, in welche Himmelsrichtung das Flugloch zeigen soll und wie die heimatliche Haustür für die Bienen markiert werden kann? Man sollte den Bienen insbesondere dann eine Orientierungshilfe geben, wenn mehrere gleich aussehende Beuten nebeneinanderstehen. Dabei kann man sich die Tatsache zunutze machen, daß die Tiere Zeichen und Farben unterscheiden können. KARL VON FRISCH hat bei der Erforschung des Farben- und Formensehens der Bienen Pionierarbeit geleistet. Er hat herausgefunden, daß die Honiginsekten Formen und Farben unterscheiden können, dies jedoch in einem anderen Bereich als das menschliche Auge. Die Farbwelt der Bienen hat glücklicherweise Überschneidungen mit dem für den Menschen sichtbaren Farbspektrum. Blaugrün, Gelb, Blau, Schwarz und Weiß sind gute Bienenfarben, Rot erscheint der Biene als nichtssagendes Grau. Zur Markierung der Beute kann man mit einem Pinsel und einer wasserfesten, bienenungiftigen Farbe (zum Beispiel Diwagolan) Dreiecke, Vierecke, Kreise, Blümchen, Herzchen, Bienchen oder Sternchen in verschiedenen Bienenfarben über die betreffenden Fluglöcher malen.
Zur Himmelsrichtung, in die der Eingang zeigen soll, hat jeder Imker seine eigenen Theorien. Jahrelange Erfahrung lehrte, daß die Flugrichtung eine untergeordnete Rolle spielt. Lange Zeit war die Nordseite verpönt. Es hat sich jedoch

gezeigt, daß Nordvölker die früher erstarkenden Südvölker bald einholen und im Frühjahr weniger Flugbienenverluste aufweisen. Eine reine Südrichtung kann die Bienen im Frühjahr zu einem vorzeitigen Reinigungsflug animieren. Wenn es dann aber draußen kälter als erwartet ist, besteht die Gefahr, daß die Tiere vor den heimatlichen Toren verklammen und erstarrt ihr Zuhause nicht mehr erreichen können. Der Südosten bringt den Vorteil, daß die Morgensonne ausgenutzt werden kann. Da der Westen die vorrangige Windrichtung ist, kommt ein Volk mit einem Flugloch in Westrichtung niemals richtig zur Ruhe. Demnach hat der Norden – anders als zunächst erwartet – seine Vorteile. Reinigungsflug und Volksentwicklung im Frühjahr erfolgen erwartungsgemäß später, allerdings ist die Spätsommer- und Waldtracht um so reichlicher. Ein wichtiger Punkt ist zum Thema Fluglochrichtung noch zu sagen: Der Südosten ist niemals optimal, wenn ein Nachbar in dieser Richtung wohnt. Bienenwolken vor einem Flugloch können die Ängste weniger bienenbegeisterter Menschen schüren – »und schließlich hört man ja auch so viel von Bienengiftallergien und ihren schrecklichen Folgen«!

Grundsätzlich kann ein verärgerter, ängstlicher Nachbar die Haltung von Bienen nicht untersagen. Laut § 903–907 BGB dürfen jedoch keine wesentlichen Beeinträchtigungen der Grundstücksnachbarn eintreten. Aus diesem Grund sollte man die Flugrichtung auf das eigene Grundstück ausrichten und den Bienenflug durch Bäume oder Hecken an der Grundstücksgrenze (notfalls durch einen bis 2,5 Meter hohen Maschenzaun) nach oben lenken. Vor dem Aufstellen eines Volkes in Wohngebieten kann man die jeweiligen Fachberater für Bienenzucht der einzelnen Regierungsbezirke konsultieren (Information ist kostenlos).

Möglichkeiten der Bienenhaltung

Bienenhaus

Ein Bienenhaus ist nicht ganz billig und bedarf im Außenbereich einer Genehmigung des Landratsamtes. Für den Freizeitimker ist es jedoch nicht leicht, einen positiven Bescheid zu erhalten. Leider darf das Bienenhaus nicht als Wochenendhäuschen genutzt werden, nach BBauG muß das Bienenhaus in die Landschaft passen, darf keine Heizung, keine Umfriedung sowie keinen Keller haben und muß mindestens 10 Völker auf Dauer beheimaten. Ein festes Bienenhaus hat den Vorteil, daß alles Gerät vor Ort untergebracht werden kann und der Imker bei Wind und Wetter nicht im Freien arbeiten muß. Ein fester

Standplatz ist eigentlich nur sinnvoll, wenn in der unmittelbaren Umgebung die Trachtlage über das Jahr hinweg gut ist.

Beim Bau eines Bienenhauses sollte man folgende Punkte berücksichtigen:

- Das Häuschen sollte zu jeder Jahreszeit mit dem Auto erreichbar sein.
- Die Fluglöcher sollten sich mindestens 60 Zentimeter über dem Boden, oberhalb der bodennahen Kaltluftzone und außerhalb der Reichweite von Mäusen befinden.
- Ameisenabwehrende Sockel am Boden (Ameisen lieben Süßes!) sind vorteilhaft.
- Vordach über Fluglöchern garantiert überwiegende Schneefreiheit auf dem Anflugbrett.
- Dachrinne und Regentonne sorgen für Unabhängigkeit bei Wasserversorgung.
- Häuschen sollte einen abtrennbaren Bienenraum und einen Schleuderraum besitzen (beugt Räuberei vor).
- Hinter den Beuten sollte genügend Platz zum Arbeiten sein (mindestens 2 Meter).
- Da Tageslicht wichtig ist, sollte man eine durchgehende Fensterreihe über den Beuten einrichten.
- Fenster sollten unten und oben Abflugschlitze haben, damit die Bienen nicht innen gefangen bleiben.
- Das Licht einer Straßenlampe, das direkt auf die Fluglöcher fällt, verwirrt die Tiere und führt zu Fehlflügen.

Wer weitere Fragen zur Errichtung eines Bienenhauses hat, kann sich an Herrn Vinzenz Weber, Weiler Dietlhofen 5, 82362 Weilheim, wenden. Er hat einige Häuser selbst gebaut und über Jahrzehnte hinweg Bauwillige beraten. In seinem bereits oben erwähnten Buch »Leichter imkern mit Trogbeuten« (Ehrenwirth Verlag) sind unter anderem auch Richtlinienskizzen zur Errichtung eines Bienenhauses im Außenbereich enthalten.

Außerdem geben die Bienenzuchtfachberater jedes bayerischen Regierungsbezirkes Rat und Auskunft, ebenso die Bayerische Landesanstalt für Bienenzucht und die Imkerschulen in der BRD.

Freistand

Der Freistand ist eine wesentlich kostengünstigere Methode, um die Beuten unterzustellen (Abbildung 44). Er ist in der Regel vollständig zerlegbar und damit problemlos zu transportieren, falls der Imker auf Wanderschaft gehen möchte.

Abb. 44: Freistand mit bunt bemalten Fluglöchern.

Ein käuflicher Freistand wird auch für die Unterbringung von Trogbeuten – seltener von Magazinen – genutzt. In der Regel ist er auf ein Fassungsvermögen von drei Beuten genormt. In einem Freistand sind die Beuten geschützt und haben somit eine längere Lebensdauer, Bienen sind darin vor Mäusen und Kaltlufteinflüssen sicher. Als weiterer Vorteil ist anzuführen, daß der Freistand verschließbar ist (Versicherungsschutz). Freistände mit einem Rauminhalt von bis zu 5 Kubikmetern können genehmigungsfrei aufgestellt werden.

Abb. 45: Waagstock von vorne. Waagstock von hinten: Die Beute steht auf einer eingebauten Waage.

89

Waagstock

Ein Waagstock ist im wesentlichen ein kleiner Freistand mit einer eingebauten Waage, mit der sich die Tracht feststellen läßt (Abbildung 45). Wenn die Bienen viel Pollen und Nektar nach Hause bringen, wird die Beute jeden Tag schwerer. Die Waage ist dann ein verläßlicheres Maß als Gefühl oder Auge. Denn manchmal kann schönes Wetter eine Tracht vortäuschen, die Bienen fliegen zwar aus, bringen aber nur wenig Nektar mit nach Hause. Sobald der Waagstock den Beginn einer Tracht anzeigt, weiß der Imker, daß das Honigschleudern bald ansteht.

Freilandaufstellung

Die Freilandaufstellung ist die einfachste und billigste Methode, sie eignet sich für alle gängigen Beuten, die jeweilige Bienenwohnung muß aber nach unten und oben durch eine Schicht Teerpappe und eine Balkenunterlage geschützt werden. Eine Ausnahme stellt das Magazin dar; es kann das ganze Jahr hindurch ungeschützt im Freien aufgestellt werden. Gelegentlich können Beuten auch zu Diebesbeuten werden. Als Mitglied eines Imkervereins ist man jedoch gegen Diebstahl versichert. Im Schadensfall wird nicht der Neupreis, sondern nur der sogenannte Zeitwert ersetzt (Näheres siehe Seite ...).

Wandern

Beim Wandern zieht der Bienenvater mit seinen Schützlingen in ein nahrungsreicheres Gebiet. Damit seine Bienen immer vor einem »gedeckten Tisch« sitzen, muß er sie, sobald eine Tracht abgeblüht ist, in eine andere Gegend mit besseren Trachtbedingungen bringen. Es kann richtig Spaß machen, mit seinen Bienen durch die Lande zu ziehen. Da in Deutschland die Wanderung geregelt ist, sollte man einige Vorkehrungen treffen, bevor man sich mit seinen Tieren auf den Weg macht.

Bienenseuchenverordnung

Seit dem 24.11.95 gilt eine neue Bienenseuchenverordnung. Während man bis zu diesem Tag vor einer Wanderung ein Gesundheitszeugnis beim Amtstierarzt einholen mußte, gilt heute folgendes:

- Wer innerhalb des eigenen Landkreises wandern will, braucht keinerlei Bestätigung durch das Veterinäramt beziehungsweise den Amtstierarzt.
- Wer über den eigenen Landkreis hinauswandern will, braucht vom Veterinäramt eine Bestätigung, daß im eigenen Landkreis keine bösartige Faulbrut aufgetreten ist (Faulbrutsperrbezirk). Diese Bestätigung muß dem Veterinäramt des gewünschten Landkreises übergeben werden.
- Wer über die bayerischen Grenzen hinauswandern will, muß seine Völker vom Amtstierarzt auf bösartige Faulbrut hin kontrollieren lassen. Der Amtstierarzt stellt dann ein Gesundheitszeugnis aus, das dem gewünschten Landratsamt im betreffenden Bundesland ausgehändigt werden muß.

Zur Information: Das Veterinäramt ist in Bayern eine Abteilung im Landratsamt. Der Amtstierarzt ist Angestellter des Veterinäramtes. Das Landesuntersuchungsamt arbeitet mit den Veterinärämtern der einzelnen Landkreise zusammen. Das Ausstellen eines Gesundheitszeugnisses geschieht durch den Amtstierarzt und kann kostenpflichtig sein; in Bayern ist es in der Regel kostenfrei.

Varroatose und in gewissem Maße auch Akariose (Tracheenmilben) sind durch die neue Bienenseuchenverordnung nicht mehr anzeigepflichtig. Um nicht versehentlich in einen Faulbrutbezirk einzuwandern, sollte man zum Schutz der eigenen Völker beim Veterinäramt des gewünschten Landkreises nachfragen und das Amt über die Wanderabsichten informieren. In jedem Fall sollte man vor den Wandervölkern am neuen Standort ein Schild mit folgenden Angaben aufstellen: Name des Imkers, Adresse und Zahl der Wandervölker. Der Imker kann dann im Seuchenfall informiert werden.

»Standgebühren«

Wenn sich der Wanderimker einen schönen Platz ausgesucht hat, muß er mit dem Grundbesitzer verhandeln. Falls das auserwählte Fleckchen Erde in Privatbesitz ist, kann man sich oft auf eine kleine »Honigprämie« einigen, für staatlichen Grund existieren ohnehin feste Gebührensätze. Meist will auch der Vorstand des ansässigen Imkervereins wissen, wer sich in seinem »Revier« aufhält.

Abb. 46: Wanderwagen.

Gerätschaften

Das Wichtigste überhaupt sind natürlich die Gerätschaften. Man kann im Prinzip mit allen dargestellten Beutentypen wandern, wenn die Bienenwohnung von oben und unten vor Feuchtigkeit geschützt wird. Besonders geeignet ist die Magazinbeute, da man sie bei jeder Witterung ungeschützt auf der bloßen Erde abstellen kann. Auch Freistände eignen sich zum Wandern, da sie vollständig zerlegt und im Auto transportiert werden können und die Beuten darin geschützt sind. Eine etwas kuriose Art, mit den Bienen zu wandern, ist der Wanderwagen. Es handelt sich dabei um ein rollendes Bienenhaus (Abbildung 46), dessen Aufstellung genehmigungspflichtig und zeitlich begrenzt ist.

Vorkehrungen beim Transport

Wenn alles abgeklärt ist, kann es endlich losgehen. Der Start sollte früh am Morgen erfolgen, da es im Auto schnell sehr heiß werden kann. Damit im Stock kein Hitzestau entsteht, werden die Fluglöcher geschlossen und die Lüftungen geöffnet. Alle Teile der Beute müssen rutschfest fixiert werden. Sicher-

Die Stockkarte (nach Weber)

Standort: *Hardt*	Betriebsjahr: *1982* Volknummer: *17* EV V

Überwinterungsvolk - Vorschwarm - Nachschwarm - Kunstschwarm - Ableger - Kernvolk

KÖNIGIN: *3.5.80*
Geburtstag: ....
Farbe: grün blau weiß
gelb rot ⑯ (Form)
Form:
Nachzucht aus Volk *24 D*
(Stockkarte) *80* / *24*
zugesetzt am *n* / *80*

RASSE: *Ca*
Stamm: *Lokal* ..... Linie: *W* ....
bezogen von: ....
Arbeitsbienen: Index ..... Filzbindenbreite: f (schmal),
ff (mittel), F (breit), Haarlänge: l m k, Rüssellänge ......
Panzerzeichen: gelbe-braune-Ecken-Ringe-einh. dunkel
Drohnen: Haarfarbe: gr br sch g, Index:
Panzerzeichen: dunkel - Flecken - Inseln - Ringe

ZUSETZVERFAHREN:
Käfig, Kleinv., Ableger,
Lachgas, durchs Flugloch,
auf die Wabe (mit, ohne
Gitter), frei mit Honig,
Sexualduft, Kunstschw.-
Verfahren, Wohlgemuth-
Käfig, 9 Tg. weisell. Volk

Eigenschaften: Frühaufsteher – Durchschnitt – Versager Weißdeckler – Dunkeldeckler – starker Kitter – bei künstlichem Licht verträglich sauberer Bau – Wirrbau – schnelle Frühjahrsentwicklung	Läufer – unruhig – wabenstet – *lll*	Stecher – wachsam – friedlich – *lll sehr*

Ertrag: Vorjahr in %: *106*   Wachs *f. 10 MW* Ableger *2*   Schwärme -   MW *10*
Ertrag: Lfd. Jahr in %: .... Wachs .... Ableger .... Schwärme .... MW

Tag / Jahr	Nachschau	I.O.	?	wl	Ei	Maden	+O	VS NS ab	HR	Trock. Zucker	Futter-Dosen 1 | 5	Malsche	Futt.-Teig	Futt. Wabe	Brutw.	Pol.-W.	Bau-Rah. + |	MW +–	Leer-W.	Bienen + |	Medi-kamente	Schldg./ Waagvolk-stand gr.
2.9.81	/	/		/	/	/					///											*Hf 19 Wab.*
1.3.82	/		/								/											

Krankheiten: Nosema   Kalkbrut   Faulbrut   Milben

Beobachtungen: *Rf = 15.2.82* ....

Volk zur Nachzucht geeignet: ja – nein – noch beobachten – umweiseln

Gestaltung und Bezug: V. Weber, Dietlhofen 5, 8120 Weilheim i. OB

Abb. 47: Stockkarte (nach Weber).

heitshalber werden die Bienenwohnungen so im Auto verladen, daß die Rähmchen quer zur Fahrtrichtung stehen (in der Eisenbahn parallel zu den Gleisen). Bremsen und Beschleunigen sind dann für die Waben weniger strapaziös, und die Gefahr eines Wabenbruchs ist geringer. Am Ziel wird das Flugloch geöffnet, damit sich die aufgeregten Tiere wieder beruhigen können.

Wenn nicht – wie erhofft – in den nächsten Tagen die Sonne scheint, sondern Dauerregen den Wandererfolg buchstäblich ins Wasser fallen läßt, müssen die Bienen zusätzlich gefüttert werden. Aus diesem Grund sollte man die Waben vor der Wanderung nie völlig ausschleudern. Die Bienen können dann auf ihre eigenen Vorräte zurückgreifen und müssen nicht hungern. Falls die Wanderung mit leeren Waben erfolgt ist, muß der Bienenvater seine Pfleglinge mit Reservehonigwaben über die Schlechtwettertage bringen.

Arbeitstagebuch

Ein Arbeitstagebuch ist zwar lästig, aber dringend erforderlich, wenn man bei mehreren Völkern über das Jahr hinweg den Überblick behalten will. Jedes Volk bekommt eine eigene Stockkarte, auf der jeder Eingriff und jede Auffälligkeit vermerkt werden. Am einfachsten ist es, die Karten in Tabellenform vorzubereiten und direkt an der Beute zu plazieren (bei Trogbeuten am besten direkt unter der Schaumstoffisolierung). Die Kriterien und die Art der Aufzeichnungen unterscheiden sich dabei von Imker zu Imker. Abbildung 47 zeigt, wie eine Stockkarte aussehen könnte.

Pflege der Bienen

Ein Dialog besonderer Art aus dem Bayerischen Bienenkalender 1886:

Willst Du nicht zu Tische sitzen
Köstlich duftet schon das Mahl?!
Siehst Du den Wein nicht blitzen
im geschliffenen Pokal?
Liebes Weibchen laß mich bleiben,
sehn was meine Bienen treiben

Und er bleibt bei seinen Bienen
weilt bei Ihnen stundenlang
Wohlig fühlt er sich bei ihnen
Ihr Gesumm ist ihm wie Gesang
Siehe da! Die Königin
kommt vom Stock – wo fliegt sie hin?

Ihr nach schwirren tausend Bienen
durch den Garten an den Baum
Und der Imker eilt zu Ihnen
Furcht vor Stichen findet nicht Raum
Mitten in der Bienenwolke
spricht er zu dem kleinen Volke:

Wollt gar ihr weiterschweifen?
Seht das Gute liegt so nah!
Kommt Ihr Immen, laßt Euch streifen
In den Bogenstülper da!
Und er streift mit sanften Zügen
ein die kleinen Honigfliegen

Raum für Bienen hat die Erde
vielen Stöcken beut sich Platz
Diese neugewonn'ne Herde
Mehret mein und Deinen Schatz
Liebes Weib, nun darfst Du winken
Mir mit Wein, Dein Wohl zu trinken

(Johann Witzgall, Volksschullehrer, Imker und Bienenschriftsteller)

Dieses Kapitel führt in die praktischen Tätigkeiten der Imkerei ein, ohne den Unerfahrenen durch raffinierte und komplizierte Techniken abzuschrecken. Der Anfänger kann sich einen Überblick verschaffen, wie er seine Schützlinge gut durch den Winter bringt, am Schwärmen hindert und auf natürliche Art vermehren kann. Da Trogbeuten zwar etwas teurer, für den Anfänger jedoch einfacher in der Handhabung sind, wurden die folgenden Methoden hauptsächlich auf die Imkerei mit Trogbeuten zugeschnitten.

In unseren Breiten gliedert sich das Jahr in vier Jahreszeiten, die alle ihre besonderen Ansprüche an die Bienen stellen. Die Tiere müssen mit starken Schwankungen von Temperatur und Futterangebot zurechtkommen. Um zu überleben, legen sie sehr verschiedene Verhaltensweisen an den Tag. Der Bienenvater muß sich den unterschiedlichen Ansprüchen seiner Völker anpassen. Er beobachtet die Natur und kann daraus bereits viel über das Befinden seiner Schützlinge ableiten. Wer sich ein wenig Zeit nimmt und in seine Völker »hineinhorcht«, darf bald am Lebensrhythmus der Bienen teilnehmen und wird fasziniert feststellen, wie sich das »Wildtier« Biene von einer einfühlsamen Hand lenken und leiten läßt.

Frühjahr

Für Bienen tickt die Uhr anders (Abbildung 48). Das Bienenjahr beginnt erst, wenn im zeitigen Frühjahr das Thermometer auf 9 C steigt. Bienen sind nämlich nicht nur von der Vegetation als Nahrungsquelle, sondern auch von der Temperatur abhängig. Die Bienen verschlafen den Winter nicht und verfallen auch nicht in eine Kältestarre, sondern haben eine eigene Überlebensstrategie entwickelt. Wer im Winter sein Ohr an einen Bienenstock hält, wird überrascht ein gleichmäßiges Summen feststellen.

Die Bienen sind im Winter aktiv und wärmen ihr Nest mit Hilfe von Muskelaktivität auf. Damit die Temperatur konstant bleibt, knäueln sich die Bienen zu einer Traube, der sogenannten Wintertraube, zusammen. Die Königin hat einen Vorzugsplatz – sie sitzt inmitten der Traube, dort, wo es am wärmsten ist. Da das ständige Heizen durch Erzeugen eigener Körperwärme viel Lebensenergie kostet, sterben viele Tiere im Laufe der kalten Monate.

Die toten Honigbienen werden zum Teil bereits während der Winterzeit von ihren Stockgenossinnen aus dem Stock gezerrt. Doch selbst wenn das gesamte Anflugbrett mit Bienenleichen übersät ist, dringt das beruhigende Summen eines lebendigen Volkes nach draußen (Abbildung 49).

Das Bienenjahr in der Naturraumgruppe 12 "Gäuplatten im Neckar- und Tauberland"
Beginn und Dauer der Entwicklungsabschnitte des Bienenvolkes (1951–1990)

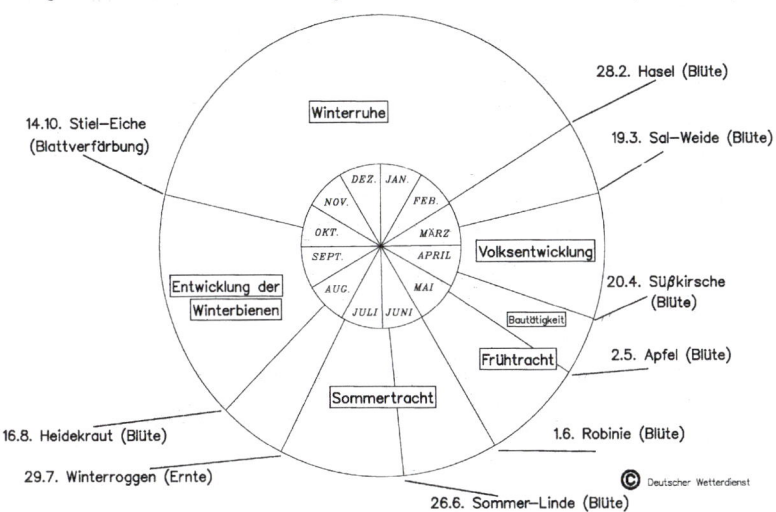

28.2. Hasel (Blüte)

14.10. Stiel–Eiche
(Blattverfärbung)

19.3. Sal–Weide (Blüte)

Winterruhe

DEZ. JAN.
NOV. FEB.
OKT. MÄRZ
SEPT. APRIL
AUG. MAI
JULI JUNI

Volksentwicklung

20.4. Süßkirsche
(Blüte)

Entwicklung der
Winterbienen

Bautätigkeit

Frühtracht

2.5. Apfel (Blüte)

Sommertracht

16.8. Heidekraut (Blüte)

1.6. Robinie (Blüte)

29.7. Winterroggen (Ernte)

© Deutscher Wetterdienst

26.6. Sommer–Linde (Blüte)

Abb. 48: Bienenuhr.
Die Phänologie im Deutschen Wetterdienst befaßt sich mit den im Jahreslauf periodisch wiedergeh-
renden Wachstums- und Entwicklungserscheinungen der Pflanzen. Es werden die Eintrittszeiten cha-
rakteristischer Vegetationsstadien (Phasen) beobach-
tet und festgehalten. Anhand dieser phänologischen
Phasen läßt sich auch das »Bienenjahr« konstru-
ieren.
In der Grafik wird die Naturraumgruppe 12 dar-
gestellt. Sie entspricht in etwa den mittleren Ver-
hältnissen in Deutschland. Sowohl gebietsweise als
auch in Einzeljahren treten innerhalb und außer-
halb des Bezugsraumes mehr oder weniger große
Abweichungen von den Mittelwerten auf.

Abb. 49: Mit Hilfe eines Hörschlauchs will dieser
Bienenvater herausfinden, welche Geheimnisse der
winterliche Stock birgt.

97

Reinigungsflug

An einem ausreichend warmen Frühlingstag im Februar oder März verlassen die ersten Bienen den Stock. Es ist Zeit für den Reinigungsflug, da sich den ganzen Winter über der Kot im Darm der Bienen angesammelt hat. Die reinlichen Tiere warten nach Möglichkeit mit der Entleerung, bis sie nach draußen können. Der erste Flugtag muß für die Tiere in jeder Hinsicht eine Befreiung sein. In dieser Zeit sollte der Imker die Nachbarschaft warnen. Es ist noch unklar, warum die Tiere für die Entleerung ihrer Kotblase bevorzugt helle oder glänzende Gegenstände anfliegen. Helle Hauswände oder frische Wäsche auf der Leine sind ein beliebtes Ziel. Die dunkelbraunen Kotflecken verfärben die Wäsche so hartnäckig, daß sie selbst nach mehreren Waschgängen nicht wieder vollständig weiß wird. Und nicht jede Nachbarin läßt sich dann mit einem Glas Honig besänftigen!

Bei sehr langen Wintern kostet diese Reinlichkeit vielen Bienen das Leben. Da die Tiere nicht zur Reinigung ausfliegen können, müssen sie notgedrungen die Rähmchen im Inneren verkoten. Um das Nest sauberzuhalten, lecken die Arbeiterinnen die Kotflecken auf und infizieren sich dabei mit Darmparasiten. Durchfallartige Erkrankungen durch Nosema oder Amöben sind dann die Folge.

Erste Kontrolle

Die erste Kontrolle darf erst an einem warmen Frühlingstag erfolgen, wenn die Bienen den Stock verlassen haben. Ein allzu neugieriger Imker schadet seinen

Abb. 50: Sobald das Thermometer auf 9 C steigt, fliegen die ersten Bienen aus.

Völkern nur. Oft haben die Tiere bereits in den ersten kalten Monaten des Jahres Brutzellen angelegt. Die müden Winterbienen werden schließlich bald sterben, und eine neue Generation an Jungbienen muß dann dafür sorgen, daß die ersten Frühjahrsblüher bestäubt werden. Die optimale Temperatur für das Überleben und Wachsen der Brut beträgt 35 C. Dies ist sicherlich kein leichtes Unternehmen, wenn man bedenkt, daß nur wenige Zentimeter Holz das Volk von strengen Außentemperaturen trennen. In langen, kalten Wintern bringt der Schutz der Brut ein Volk an die Grenze seiner Leistungsfähigkeit.

Wenn der neugierige Imker die Beute zu früh öffnet, geht die mühsam aufrechterhaltene Wärme verloren, und das gesamte Volk ist gefährdet. Zudem können die verstörten Bienen mit dem Abstechen ihrer Königin reagieren. Aus diesem Grund sollte die Beute frühestens am Reinigungstag geöffnet werden.

Wenn ein Volk trotz aller Vorsicht den Winter nicht überlebt hat, müssen die leeren Waben sehr bald aus der Beute genommen und die Beute nach Einschmelzen des Baus gründlich gereinigt werden. Andernfalls werden die restlichen Futtervorräte des toten Volkes von Fremdbienen geplündert, zudem können sich Krankheiten oder Parasiten ausbreiten. Man sollte auf folgende Punkte bei der ersten Kontrolle im Frühjahr achten.

Hat das Volk bereits Brutzellen angelegt?
Wärmeperioden im Januar oder Februar verleiten viele Völker zum Brüten. Bei der nächsten Kälteperiode geraten die Bienen jedoch in Not, wenn nicht genügend Futterpollen und Wasser für die Brut vorhanden ist. Das Resultat sind unterentwickelte, kurzlebige Jungbienen.

Hat das Volk genügend Wasser?
Die Bienen dürsten, wenn man Zuckerkristalle im Gemüll findet oder Kondenswasser auf der Stirnseite der Beute fehlt. Vor allem in Bergregionen, in denen die Bienen erst relativ spät ausfliegen können, muß unbedingt getränkt werden. Hierzu füllt man ein Glas (etwa so groß wie ein Joghurtbecher) mit Leitungswasser und bindet ein Leinentuch vor die Öffnung. Anschließend stellt man das Glas mit der Öffnung nach unten auf das Futterloch. Wenn die Bienen über den nassen Stoff kriechen, können sie das benötigte Wasser abnehmen. Man muß das Wasser regelmäßig nachfüllen und das Trinkgefäß warm halten (Porestatopf überstülpen).

Hat das Volk Verbindung zum Futter?
Da die Bienen in einer Traube zusammenhängen, muß das Futter in unmittelbarer Nähe verfügbar sein. Andernfalls werden die Bienen verhungern, selbst wenn die nächste nicht besetzte Wabe noch volle Vorratszellen hat.

Sind noch genügend Futterreserven vorhanden, oder muß notgefüttert werden?
Eine starke Futterzehrung des Volkes ist meist auf eine Beunruhigung im Winter zurückzuführen. Sie kann auch auftreten, wenn ein Imker zuwenig Winterfutter angeboten hat.

Weiselrichtigkeit?
Wenn die Königin im Laufe des Winters verlorengegangen ist, ist das Volk sehr beunruhigt und summt nicht mehr gleichmäßig. Weisellosigkeit zeigt sich unter anderem in einer gesteigerten Anfälligkeit für Krankheiten. Bei einem ausreichend starken Volk sollte möglichst schnell eine neue Königin, zum Beispiel aus einem Ablegervölkchen, zugesetzt werden (siehe »Neubeweiselung« Seite ••).

Müssen Waben entfernt werden?
Viele Bienen haben den Winter nicht überlebt, die Wohnung ist zu groß geworden, muß aber dennoch beheizt werden. Aus diesem Grund sollte man Leerwaben, die ohnehin meist nicht von Bienen besetzt sind, vorläufig aus dem Stock entfernen. Wenn die Wohnung kleiner wird, können die Bienen ihre Wunschtemperatur leichter aufrechterhalten.

Ist das Volk krank?
Parasiten, wie Nosema, Amöben oder Varroa-Milben, können bereits im Winter auftreten und im Frühjahr die häufigsten Bienenkrankheiten hervorrufen.

Notfütterung

Es ist Frühjahr, die Pflanzen verstecken sich noch in der Erde. Die schwache Sonne lockt sie erst langsam aus dem schützenden Boden. Die Bienen besuchen vereinzelte Frühlingsblüher wie Krokusse, Winterlinge oder Schneeglöckchen. Pollen und Nektar reichen noch nicht aus, um das Volk zu ernähren. Bis zur ersten großen Tracht, der Obstblüte, dem Löwenzahn oder dem Raps, lebt das Volk hauptsächlich von seinen Vorräten aus dem letzten Jahr.
Der Imker muß in dieser Zeit notfüttern, wenn die angelegten Honigvorräte nicht ausreichen. Am einfachsten ist es, wenn man eine volle Futterwabe direkt neben die Wintertraube einhängt, man kann aber auch Futterteig zubereiten (siehe unten). Da ein Bienenvolk zu einer geordneten Entwicklung Wärme, Wasser, Eiweiß und Kohlenhydrate benötigt, sollte man bei Flugwetter sogenannte Pollenersatzstoffe im Höselhaus anbieten. Von dort können die Bienen Eiweißnahrung holen und einlagern.

Herstellung von Zuckerhonigteig

Futterteig besteht hauptsächlich aus Puderzucker, der mit wenig Honig vermischt ist. Die Masse soll fest sein und nicht kleben oder rinnen.

Zutaten für 600 g Futterteig:
- 450 g Puderzucker
- 150 g Honig

(Puderzucker: Honig im Verhältnis 3:1)
evtl. Zugabe von höchstens 5 Prozent Eiweiß (30 g), z. B. Magermilchpulver
- etwas Wasser

Den Honig im Wasserbad auf dem Herd mäßig erwärmen (er wird dadurch flüssiger und ist leichter zu verarbeiten), anschließend von der Herdplatte nehmen und mit dem gesiebten, trockenen Puderzucker in einer Schüssel verrühren. Die Masse auf ein Knetbrett geben und so lange kneten, bis sich der Puderzucker und der Honig homogen vermischt haben. Der Teig wird fester, wenn man Eiweiß dazugibt. Der Teig löst sich vom Gefäßrand, wenn man etwas Wasser hinzufügt. Die fertige Teigmasse in Scheiben schneiden und portionsweise in kleine Gefrierbeutel füllen. Die Beutel anschließend mit einem elektrischen Folienschweißgerät verschließen. Der Teig kann auf diese Weise selbst bei längerer Lagerung weder verklumpen noch austrocknen.
Größere Mengen Futterhonigteig kann man mit Hilfe einer Knetmaschine zubereiten, wodurch man viel Zeit und Mühe spart.

Herstellung von billigem Futterteig ohne Honig

Zutaten:
- 1 kg Puderzucker
- 1 g Invertin
- 80 ml Wasser

Puderzucker, Invertin und Wasser kalt vermischen und stehenlassen. Invertin ist ein Flüssigenzym, das Rohrzucker zum Teil in Frucht- und Traubenzucker umwandelt (der Teig bleibt dadurch weicher). Nach 1 bis 2 Tagen ist der Futterteig fertig und kann in Plastiktüten abgefüllt werden.

Fertiger Futterteig

Wer Futterteig nicht selbst herstellen möchte, kann über den Fachhandel fertigen Futterteig beziehen, der in Plastikbeutel abgepackt ist. Zur Anwendung mit einem spitzen Messer ein kleines Fenster in den Plastikbeutel ritzen. Die entstandene Plastiklasche abheben und den Beutel mit der Öffnung nach unten über eine besetzte Wabengasse legen. Die Bienen haben nun direkten Zugang zum Honigfutterteig und können den Plastikbeutel allmählich aushöhlen.

Höselhaus

Im Höselhaus werden den Bienen im Freien Pollenersatzstoffe zur Verfügung gestellt (Abbildung 52). Pollen sind ein sehr eiweißreiches Futter, das insbesondere für die Aufzucht der Frühjahrsbrut wichtig ist. Nach langen Wintern beginnen die ersten ergiebigen Trachten erst relativ spät, so daß die Bienen nur wenig Pollen eintragen können. Wenn im Mai die letzten Winterbienen sterben, sollte eine kräftige junge Generation herangewachsen sein. Ohne Pollen setzt die Brutpflege jedoch nur zögernd ein, und es kommen wenige, unterernährte und kurzlebige Bienen zur Welt.

Abb. 51:
Bild 1: Notfütterung mit Futterteig: Die Folie über den Wabengassen wird aufgeschnitten.
Bild 2: Das mit Futterteig gefüllte Plastiksäckchen hat ebenfalls ein Loch. Säckchen mit Öffnung nach unten auf die Wabengasse auflegen.
Bild 3: Durch die Folie kann man sehen, wie die Bienen den Futterteig abtragen.

1   2   3

Abb. 52: Höselhaus und Bienentränke.

Die einfachste Lösung besteht darin, eine Pollenwabe vom letzten Sommer an den Rand des Brutnestes zu hängen. Wer keine zur Hand hat, kann auch ein Höselhaus in unmittelbarer Nähe des Bienenstandes aufstellen. Es handelt sich dabei um einen etwa vogelhausgroßen, rechteckigen Plexiglas- oder Glaskasten mit Einflugschlitzen. Der Boden ist mit Eierkartons ausgelegt, die mit einem Gemisch von Pollenersatzstoffen, wie Höselhefe, Sojamehl oder Trockenmagermilch, bestäubt werden. Ein Tropfen Anisöl dient als Lockstoff. Fertige Ersatzstoffmischungen sind im Fachgeschäft erhältlich. An wärmeren Tagen höseln die Bienen die »Pollen« und kommen vollbeladen zum Stock zurück. Wenn im Laufe des Frühlings genügend natürlicher Pollen zur Verfügung steht, verlassen die Bienen den Höselplatz.

Das Wort »Höseln« leitet sich von den pollenbeladenen Höschen an den Hinterbeinen der Biene ab. Mit Hilfe von Kamm und Körbchen, speziellen anatomischen Formen, kann die Biene Pollenklumpen an den Hinterbeinen befestigen. Auf diese Weise kann der ursprünglich staubartige Pollen transportiert werden.

Erkennen und Behandlung von Krankheiten

Wintertote sind eine ganz normale Erscheinung. Ein Bienenvolk mit 20000 bis 60000 Mitgliedern hat natürlich auch Tote. Ein hoher Totenfall (mehr als zwei Handvoll pro Volk), verbreitete Kotspuren und flugunfähige Bienen vor dem Ausflugloch – die sogenannten Krabbler – sind jedoch Anzeichen für eine Erkrankung.

Zur Diagnosestellung kann man Gemüll und Wintertote, luftdurchlässig verpackt, an die staatlichen Untersuchungsstellen schicken. Dort werden die Proben auf Varroa- und Tracheenmilbenbefall (Akariose) kostenlos untersucht (Adresse siehe Seite 171). Beim Auftreten der bösartigen Faulbrut schreibt die derzeit geltende Bienenseuchenverordnung eine Anzeige bei den zuständigen Behörden vor. Das Veterinäramt und eventuell ein Gesundheitswart unterstützen in diesem Fall den Bienenvater im Kampf gegen die Krankheit.

Varroatose (Brut-Milbenkrankheit)

Die Varroa-Milbe *(Varroa jacobsoni)* ist eine wahre Plage, die 1977 aus Ostasien eingeschleppt wurde (Abbildung 53). Da die einheimischen Bienen keine Resistenzen oder Abwehrmechanismen gegen den asiatischen Parasiten besaßen, konnten sich die Spinnentiere seuchenartig vermehren. Zu sehen sind hauptsächlich die weiblichen Tiere: Sie sind etwa 1 Millimeter groß und braun bis rot gefärbt, haben einen schildförmigen Körper und 4 Beinpaare. Die Männchen sind wesentlich kleiner und kurzlebiger. Die Milbe lebt von der Körperflüssigkeit der erwachsenen Bienen und der verschiedenen Larvenstadien.

Die Milbe heftet sich meist am Hinterleib der Biene fest und sticht sie an.

Zur Fortpflanzung befällt sie die kurz vor der Verdeckelung stehende Brut. Einige Zeit parasitiert die Milbe auf der Bienenlarve, um dann ihre Eier am Larvenkörper oder an der Zellinnenwand abzulegen. Bald schlüpfen die jungen Milben beiden Geschlechts und reifen innerhalb von 8 Tagen zu erwachsenen Milben heran. Noch bevor die Jungbiene schlüpft, erfolgt die Begattung. Das Parasitenmännchen stirbt danach ab, und das Weibchen verläßt mit der schlüpfenden Biene die Zelle, um nach weiteren Opfern zu suchen.

Symptome:

Die Milben sind auch ohne Lupe auf den Bienen zu sehen, da sie relativ groß sind. Die befallenen Jungbienen fallen optisch auf, sie sind durch den ständigen Aderlaß meist stark unterentwickelt und nicht lange lebensfähig. Man erkennt sie an einer (der Streckpuppe ähnlichen) weißlichen Körperfärbung, feh-

Abb 53: Das Weibchen der Varroa-Milbe ist circa 1 Millimeter groß und gehört – wie die 4 Beinpaare verraten – zu den Spinnentieren.

lenden Beinchen, verkrüppelten Flügeln oder einem zu kurz geratenen Hinterleib.

Bekämpfung:

Es ist ein Wunschtraum, die Varroa-Milbe völlig ausrotten zu können. Der Bienenfreund muß regelmäßig kontrollieren und darauf achten, daß der ganzjährig auftretende Parasit nicht überhandnimmt. Da das geschwächte Volk oft zusätzlich von weiteren Krankheiten heimgesucht wird, kann es die Brut nicht mehr angemessen versorgen. Bald klettert nur noch die Königin mit einigen Getreuen auf den Waben herum – das Volk ist verloren.

Die Staatsregierung hat den Ernst der Lage erkannt und wegen der wichtigen Bestäubungsaktivität der Bienen versucht, den Imkern und Bienen zu helfen. Zum einen werden alle zugelassenen Varroa-Medikamente zu 30 Prozent staatlich bezuschußt, teilweise zahlen auch die Landkreise etwas dazu. Der Imker muß jedoch zuvor seinen jährlichen Medikamentenbedarf beim zuständigen Landratsamt oder Veterinäramt anmelden.

Das zweite staatliche Angebot besteht in einer kostenlosen Hilfe bei der Kontrolle des Befalls: Tote Varroa-Milben sind im Bodenmüll zu finden und mit einer Lupe leicht zu identifizieren. Aus ihrer Anzahl läßt sich ein Rückschluß auf den Durchseuchungsgrad ziehen. Jeder Imker kann sein Wintergemüll kostenlos beim Landesuntersuchungsamt auf Varroa-Befall hin untersuchen lassen. Nach der Flotationsmethode werden dort die Milben fachmännisch ausgezählt: Das Gemüll wird getrocknet und anschließend in reinem Alkohol gelöst. Die Hauptbestandteile des Wintergemülls sinken ab, während die Varroen oben schwimmen und sich mühelos zählen lassen.

Verschicken der Probe:

Eingeschickt werden soll das Wintergemüll von jedem fraglichen Volk einzeln in einer beschrifteten Papiertüte oder Zündholzschachtel. Luftundurchlässige Behälter sind ungeeignet, da die Proben dann schnell verschimmeln. Die Beschriftung gibt Auskunft über Namen und Adresse des Imkers, Standort des Volkes und eventuell Volksnummer. Um aussagefähiges Wintergemüll zu erhalten, wird bereits nach der Wintereinfütterung im Vorjahr (Ende September) eine Stockwindel oder ein käufliches Varroa-Gitter auf den Boden der Beute gelegt und bis Ende Februar/Anfang März dort belassen. Unter einer Stockwindel versteht man eine wasserfeste Unterlage, die auf dem Boden der Beute ausgelegt wird (Abbildung 54). Sämtlicher Abfall, tote Parasiten und Bienen fallen nach unten und sammeln sich im Laufe der kalten Monate auf der Stockwindel als Gemüll. Nachdem die Stockwindel aus dem Stock entfernt wurde, muß der Bodensatz durch ein 3 Millimeter starkes Gitter gesiebt werden, um wintertote Bienen abzutrennen (ist bei Benutzung eines Varroa-Gitters nicht nötig). Die Proben können an folgende Adressen geschickt werden:

Abb. 54: Die Stockwindel als Bodeneinlage fängt das Gemüll auf. Mit einem Blick wird sichtbar, auf welchen Waben das Volk den Winter verbracht hat. Eine Stockwindel erleichtert aber auch das Auszählen des Varroa-Totenfalls.

Südbayern:
Landesuntersuchungsamt Bayern
Veterinärstraße 2
85764 Oberschleißheim bei München

Nordbayern:
Landesuntersuchungsamt Erlangen
Eggenreuther Weg 43
91058 Erlangen

Wer es sich zutraut, kann die Milben selbst auszählen und so den Befall abschätzen. Nach GETTERT haben Versuche ergeben, daß etwa 120mal so viele Milben im Volk sind, wie täglich abfallen. Wenn also im Frühjahr in 10 Tagen 50 Varroen am Grund der Beute zu finden sind, muß mit einem Befall von 120 x 5 = 600 Milben gerechnet werden. Bei einer Lebensdauer von 2 bis 3 Monaten und einer Populationsverdopplung nach 6 Wochen wären im Herbst bereits mehrere tausend Bienen von der Krankheit befallen, sofern der Imker nicht eingreift.
Die Wirksamkeit der Bekämpfungsmaßnahmen und ein eventueller Restbefall sollten immer durch Zählung der toten Milben im Bodensatz überprüft werden. Vereinfacht wird das Auszählen durch die Anwendung der Stockwindel oder eines Varroa-Gitters.

Bekämpfung mit Ameisensäure:
Da Ameisensäure zu einem gewissen Prozentsatz im Honig enthalten ist, ist ihr Einsatz relativ unbedenklich. Die einzige in Deutschland zugelassene Anwendungsform ist die »Illertissener Milbenplatte«, eine dünne, mit Ameisensäure getränkte Faserplatte.
Anwendung: Nach einigen kräftigen Rauchstößen in den Stock wird die Platte oben auf die Wabengassen aufgelegt. Da die verdampfende Säure schwerer als Luft ist, sinkt sie langsam zu Boden. Ameisensäure wirkt ätzend und tötet die Varroa-Milben. Im Gegensatz zu anderen Präparaten gelangt sie auch durch die Zelldeckel hindurch zur Brut und befreit diese von den quälenden Saugern.
Um die Bienen mit den ätzenden Dämpfen nicht unnötig zu reizen, kann die Platte vor der Benutzung eingefroren werden. Sie ist dann anfangs kalt und dampft nicht so stark ab, ein DIN-A4-Blatt zwischen Platte und Wabengassen verstärkt diesen Effekt.
Anwendungszeitraum: Die Behandlung sollte im Spätsommer nach dem letzten Schleudern erfolgen, wenn noch Brut vorhanden ist. Der Behandlungserfolg kann mit Hilfe einer Stockwindel verfolgt werden. Nachbehandlungen kön-

nen erforderlich sein, wenn kein anderes Medikament zusätzlich eingesetzt wird. Sind nach der Behandlung mehr als eine Milbe pro Tag auf der Stockwindel zu finden, ist nach FISCHER ein weiterer Einsatz von Ameisensäure erforderlich.

Wirkungsgrad: Er liegt je nach Häufigkeit und Art der Anwendung zwischen 60 und 90 Prozent. Da Ameisensäure ätzend ist, sollte man stets mit Handschuhen arbeiten und die Gebrauchsanweisung bezüglich der Temperatur genau beachten!

Resistenzgefahr: Nach FISCHER kennt man bei der Ameisensäureanwendung nahezu keine Resistenzgefahr.

Bekämpfung mit Milchsäure:

Laut Auskunft der Bayerischen Landesanstalt für Bienenzucht ist Milchsäure völlig ungefährlich für den Menschen und in bestimmten Konzentrationen auch für die Biene. Milchsäure ist, so die Landesanstalt, neben Ameisensäure das einzig wirksame natürliche Medikament gegen die Varroa-Milbe; sie ist jedoch auf dem deutschen Markt noch nicht zugelassen, und ohne Zulassung bekommt der Imker keine staatlichen Zuschüsse bei der Anschaffung des Medikamentes. Die Bayerische Landesanstalt für Bienenzucht hat im Fall der Milchsäure einen schweren Stand. Auf der einen Seite darf sie offiziell ein nicht zugelassenes Präparat nicht empfehlen, andererseits handelt es sich aber um ein natürliches und unschädliches Varroa-Bekämpfungsmittel.

Hier also eine »Halbempfehlung« der Bayerischen Landesanstalt für Bienenzucht: Milchsäure muß direkt auf die Bienen aufgetragen werden, sie wirkt nicht auf die Brut und ist damit am effektivsten in der brutfreien Zeit.

Nach der ersten Frostperiode im Oktober/November hat die Königin ihre Legetätigkeit eingestellt. Wenn es kurzzeitig wärmer wird, ist der richtige Zeitpunkt gekommen. Die besetzten Waben werden einzeln mit 15prozentiger Milchsäure (circa 5 Milliliter pro Wabenseite) eingesprüht. Man darf die Lösung nicht höher konzentrieren, da die Bienen sonst Schaden nehmen. Die Prozedur sollte in 4- bis 8tägigem Abstand insgesamt 4mal wiederholt werden. Da diese Methode sehr arbeitsaufwendig ist, kann die Anwendung von Milchsäure nur für den Freizeitimker empfohlen werden.

(Bei Rückfragen zur Anwendung von Ameisen- oder Milchsäure wenden Sie sich bitte an: Bayerische Landesanstalt für Bienenzucht, Burgbergstraße 70, 91054 Erlangen, Tel: 0 91 31/7 87 30, Fax: 0 91 31-78 73 22)

Bekämpfung mit Insektiziden:

In der Vergangenheit wurde mit dieser Stoffgruppe viel Unheil angerichtet. Aus diesem Grund sollte man genau überlegen, ob der Einsatz von Insektiziden wirklich notwendig ist. Viele Präparate (zum Beispiel Pyrethroide) sind auch für den Menschen nicht unbedenklich. Die meisten frei verkäuflichen Medikamente sind fettlöslich (lipophil) und lagern sich vor allem in Wachs, aber auch in Pollen, Propolis oder Honig ab. Aufgrund ihrer Langlebigkeit kann das Gift in den Bienenprodukten biologisch nicht abgebaut werden.

Insektizide dürfen nie im Frühjahr eingesetzt werden. Wenn überhaupt, sollten sie nur im Spätsommer oder Herbst, aber stets nach der letzten Honigernte zum Einsatz kommen. Informieren Sie sich genau über das eingesetzte Produkt, probieren Sie zuvor sämtliche Alternativen aus, und lassen Sie sich nicht kritiklos von »erfahrenen« Imkern belehren. Bei Bekanntwerden der Varroa-Seuche in Deutschland vor ungefähr 10 Jahren herrschte Panik unter den Imkern, und die abenteuerlichsten Dinge wurden ausprobiert, um die Völker vor der »saugenden Pest« zu retten. Inzwischen hat sich die Lage etwas beruhigt, und einige Mittel sind wegen ihrer Nebenwirkungen wieder vom Markt verschwunden.

Vordergründig ist der Einsatz von Insektiziden zwar einfacher, billiger und weniger zeitaufwendig, aber der Schein trügt. Zahlreiche Beispiele aus Landwirtschaft und Medizin haben bewiesen, daß Lebewesen unter einem derartigen Überlebensdruck Resistenzmechanismen entwickeln. Und dann beginnt das Spiel von vorne. Durch den Gifteinsatz werden außerdem Wachs, Pollen sowie Honig verunreinigt und das Bienenvolk geschwächt. In Tabelle 2 sind die in Deutschland zugelassenen Präparate und ihre Wirkweisen aufgeführt.

Bienen gibt es seit Millionen von Jahren, sie haben Eiszeiten und das Aussterben der Mammuts überlebt und die Entwicklung der Menschen von Anfang an mitverfolgt. Im Laufe dieser Zeit wurden sie von vielen Krankheiten und Naturwidrigkeiten bedroht und sind damit fertig geworden.

Varroa-Milben wurden erst 1977 durch den Menschen in Deutschland eingeschleppt. Es darf nicht das Ziel sein, die Zahl der Varroa-Milben mit möglichst giftigen Mitteln auf schnellstem Wege zu dezimieren und damit das Immunsystem der Bienen zu schwächen. Vielmehr muß man das Abwehrsystem der Natur fördern, indem man die wenigen milbenresistenten Bienenindividuen durch gezielte Zucht und Auslese vermehrt.

Mit dieser Aufgabe ist der Hobbyimker natürlich überfordert. Er kann aber seine Völker auf andere natürliche Weise unterstützen: Da auch Milben Lebewesen und bestimmten biologischen Gesetzmäßigkeiten unterworfen sind, haben sie Schwachstellen. Der geschickte Imker kann diese Schwachstellen ausnutzen und mit Hilfe der folgenden Maßnahmen eine Waffe gegen die Seuche daraus machen.

zugelassenes Medikament	Inhaltsstoffe und Wirkweise
Bayvarol	Zugelassenes Präparat, Wirkstoff Flumethrin, in Plastikstreifen eingegossen, gehört zu den Pyrethroiden. Diese Gruppe sind weitverbreitete, schwer abbaubare Nervengifte. Wirken bei Kontakt. Werden von den erwachsenen Bienen auf Stockgenossen übertragen. Wirken nicht auf die Brut! Sind fettgängig und reichern sich damit in Bienenprodukten (vor allem im Wachs) an. Pyrethroide sind auch für den Menschen schädlich. Streifen dürfen nur mit Handschuhen berührt werden, da Bayvarol hauttoxisch ist. Bei Daueranwendung kann dieses Pyrethroid zur Resistenz bei Varroa-Milben führen.
Perizin	Zugelassenes Präparat, mit dem Wirkstoff Coumaphos. Gehört zur Gruppe der Organophosphate, ebenfalls ein Nervengift. Schwer bis überhaupt nicht abbaubar und fettgängig, d. h. reichert sich vor allem im Wachs an. Taucht auch im Honig auf. Wird auf die Bienen aufgeträufelt und von den Tieren aufgeleckt. Wirkt systemisch, d. h. tötet saugende Milben über das Bienenblut.
Cekafix	Präparat mit befristeter Zulassung, da weit verbreitet auf dem Gebiet der ehemaligen DDR. Wirkstoff Thiophosphorsäureester mit bromsubstituiertem Cumarinylrest. Der Wirkstoff gehört wie Perizin zur Gruppe der Organophosphate und wirkt als Nervengift. Beide Stoffe werden von der Biene über den Mund aufgenommen, verteilen sich im Blut und töten so die saugenden Milben.
Folbex VA neu	Wird inzwischen so gut wie nicht mehr vertrieben. Zugelassenes Präparat mit Wirkstoff Brompropylat. In Form von Räucherstreifen erhältlich. Kontaktgift. Führt durch die Rauchentwicklung zu einer Belastung der Atemorgane des Anwenders und wegen der Fettgängigkeit zu einer Anreicherung im Wachs. Soll laut Empfehlung der Bay. Landesanstalt für Bienenzucht, wenn überhaupt, dann nur zur Behandlung von Kunstschwärmen eingesetzt werden.
Fumidil B	Antibiotikum, eingesetzt gegen Nosema-Erkrankungen. Wurde inzwischen vom Markt genommen, da Zulassung nicht erteilt wurde. Wirkstoff Fumagillin.
Apitol	Zugelassenes Präparat, Wirkstoff Cymiazolhydrochlorid. Wirkt wie Perizin systemisch und tötet Milben über Bienenblut. Führt bereits bei einer leichten Überdosierung zu Bienenschäden. Apitol ist wasserlöslich und reichert sich daher weniger in Wachs als im Futter/Honig an! Hoher Grenzwert für Apitolrückstände im Honig zugelassen!

Tab. 2: In Deutschland zugelassene Präparate und ihre Wirkweisen.

Entnahme von Drohnenwaben:
Bei mehrmaliger Durchführung stellt diese Maßnahme eine effektive Form der Varroa-Bekämpfung dar. Da die Milben bevorzugt Drohnenlarven befallen, wird gleichzeitig mit der Entnahme der Drohnenwaben ein Großteil der in der Entwicklung begriffenen Blutsauger entfernt. Der Drohnenwabenbau wird anschließend im Sonnenwachsschmelzer eingeschmolzen, Vögel besorgen dann den Rest. Mitleid oder Barmherzigkeit helfen hier dem Bienenvolk nicht, da die befallenen Drohnen ohnehin nur als lebensunfähige Krüppel aus ihren Zellen schlüpfen.

Bekämpfung durch Brutunterbrechung:
Da sich die Varroa-Milbe nur in der abgedeckelten Bienenbrut vermehren kann, stellt eine circa dreiwöchige Brutunterbrechung eine äußerst wirksame Bekämpfungsmaßnahme dar. Alle Brutwaben werden dem Volk weggenommen und als sogenannter Brutableger in einen eigenen Bienenkasten gestellt. Zur Übergangsversorgung erhalten die Brutwaben zwei bis drei Futter- und eine Wasserwabe. Zurück bleiben die Königin und ihre Arbeiterinnen in ihrer nun brutlosen Beute. Der Großteil der Milben wurde mit den Waben entfernt.
Der Brutableger wird anschließend mit Ameisensäure behandelt. Die erstgeschlüpften Arbeiterinnen werden sofort Nachschaffungszellen anlegen und eine neue Stockmutter heranziehen. Nach 21 Tagen sind alle Arbeiterinnen und eine junge Königin geschlüpft.
Vorteil: Aus dem Brutableger ist nach 21 Tagen ein neues, gesundes Völkchen entstanden. Die Milbenzahl verringert sich, ohne daß das Stammvolk behandelt werden muß. Diese Methode kann mit einer Schwarmverhinderung kombiniert werden (siehe Seite ••).
Nachteil: Das Muttervolk wird durch die Entfernung der Brut in seiner Entwicklung zurückgeworfen. Damit es sich bis zur Einwinterung wieder vollständig erholen kann, sollte die Brutunterbrechung nur zur Zeit der Hochtracht im späten Frühjahr bis Ende Juni angewandt werden.

Einsatz von Bannwaben (Brutbeschränkung):
Die Königin wird auf der sogenannten Bannwabe eingesperrt, das heißt, zu beiden Seiten ihres Sitzplatzes wird ein Absperrgitter eingeschoben, das nur die Arbeiterinnen passieren können. Die Königin kann also nur diese eine Bannwabe bestiften. Nach wenigen Tagen ist die Gefängniswabe die einzige Wabe mit offener Brut. Die Milben stürzen sich aus Mangel an Alternativen auf die Kinderstuben der Bannwabe, womit diese zur Fangwabe wird. Sobald die Lockbrut verdeckelt ist, wird sie entfernt und vernichtet. Nach circa 4 Wochen wird das Absperrgitter wieder entfernt, damit die Königin wieder andere Waben be-

stiften kann. Auch diese Bekämpfungsmaßnahme sollte man während der Hochtrachtzeit von April bis Ende Juni durchführen.

Akariose (Tracheenmilbenkrankheit)

Die Tracheenmilbe *Acarapis woodi* ist zwar mikroskopisch klein (circa 0,1 Millimeter), aber äußerst gefährlich. Über die relativ großen vorderen Atemröhren wandert sie in den Körper der Biene. Dabei nutzt der Schmarotzer den Umstand aus, daß die für den Sauerstofftransport zuständige innere Membran bei den Jungbienen weich und elastisch ist. Die Milbe durchsticht die Membran und ernährt sich von der dahinterliegenden Hämolymphe, dem Bienenblut. Die Eier werden in der Tracheenröhre abgelegt. Die frischgeschlüpften Jungen tun es ihrer Mutter gleich. Langsam verstopft sich die Atemröhre der Biene (Abbildung 55).
Um sich zu verbreiten, krabbeln die Milben aus dem Atemsystem ins Pelzchen der Biene und warten, bis die Wirtin in Kontakt mit einer Artgenossin kommt. Die Tracheenmilbe wird also nicht über die Brut, sondern über die bereits geschlüpften Bienen übertragen. Aus diesem Grund sind fremde Bienen, zum Beispiel eine neuerworbene Königin oder ein Schwarm unbekannter Herkunft, immer ein Gesundheitsrisiko für die eigenen Völker.

Symptome:
Unruhig, aber flugunfähig krabbeln die Bienen vor dem Stock und unternehmen gelegentlich vergebliche Abflugversuche.

Bekämpfung:
Da die Milbe mikroskopisch klein ist, kann eine genaue Diagnose nur in einem Labor gestellt werden. Jeder Bienenhalter kann bei Akarioseverdacht tote Bie-

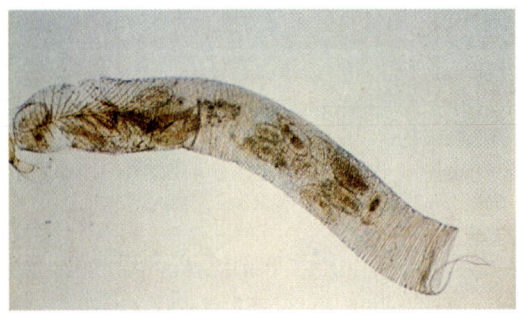

Abb. 55: Tracheenmilben verstopfen die Atemröhren der Biene.

112

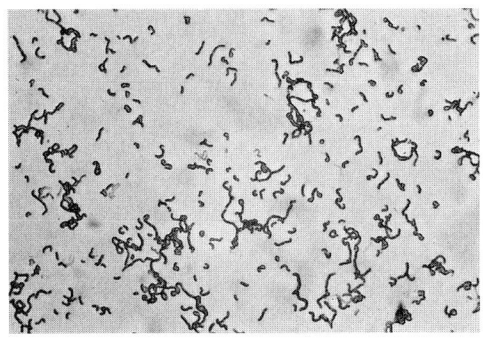

Abb. 56: Faulbrutbazillen in circa 1000facher Vergrößerung.

nen aus dem Wintergemüll an das Landesuntersuchungsamt schicken, wo die Proben kostenlos untersucht werden. Auch die Akariose kann mit Ameisensäure wirkungsvoll behandelt werden.

Das Verschicken der Probe:
25 bis 30 wintertote Bienen (nicht angeschimmelt) vor dem Reinigungsflug, spätestens jedoch Ende Februar, aus dem Gemüll absammeln. Die Proben aus jedem Volk einzeln in beschriftete (Name, Adresse, Standort des Volkes, eventuell Volkszahl) Papiertüten oder Zündholzschachteln verpacken und an eine staatliche Untersuchungsstelle schicken.

Bösartige Faulbrut

Bacillus larvae befällt die Bienenbrut und tötet sie (Abbildung 56). Das Bakterium vermehrt sich in den Larven und verwandelt sie in schleimige Klumpen. Mit einem Zündholz lassen sich Fäden aus der Masse ziehen, der Geruch erinnert an braunen Tafelleim. Die Puppen faulen hinter den eingefallenen Deckeln. Wenn die toten Larven schließlich völlig eingetrocknet sind, hinterlassen sie einen typischen Schorfbelag am Wabengrund, der Bakteriensporen in sehr großer Zahl enthält. Da die Krankheit sehr ansteckend ist, muß sie unbedingt beim nächsten Veterinäramt gemeldet werden, um eine weitere Durchseuchung zu verhindern. Nachlässigkeit ist strafbar und hätte für die Völker der Umgebung verheerende Folgen.
Man darf Honig von kranken Völkern nicht weiter verfüttern oder verkaufen. Da die bösartige Faulbrut für den Menschen unschädlich ist, kann man den Honig zum Eigenverzehr verwenden.

113

Abb. 57.

Wenn die Zündholzprobe positiv ausfällt (Abbildung 57), sollte man zur Bestätigung der Diagnose unbedingt ein Wabenstück mit infizierten Zellen dicht verpackt an das Landesuntersuchungsamt Bayern oder Erlangen schicken. Die Untersuchung ist kostenlos.

Bekämpfung:
Da die bösartige Faulbrut für Bienen und Imker eine Katastrophe darstellt, muß entsprechend drastisch gehandelt werden. Infiziertes Wabenmaterial darf keinesfalls wiederverwendet werden! Die Waben können nicht ausreichend desinfiziert werden, und selbst kochendes Wasser tötet die Sporen nicht ab. Die Dauersporen des Bakteriums sind sehr widerstandsfähig – sie können Jahrzehnte in einer Art Ruhestadium überleben, um schließlich wieder aktiv zu werden. Wegen der Behandlung der Tiere sollte man unbedingt Kontakt mit einem Veterinäramt des zuständigen Landratsamtes und einem Bienensachverständigen aufnehmen, eventuell kann auch der Gesundheitswart des Imkervereins unterstützend zur Seite stehen.

Sofortmaßnahmen:
Die Bienen müssen sofort von den verseuchten Waben entfernt werden. Dieses Ziel erreicht man am ehesten durch die Bildung eines Kunstschwarmes. Hierzu wird die Königin mit einem Klipskäfig aus dem Volk gefangen und in einen Zusetzkäfig gesperrt. Anschließend wird der Käfig mitsamt Königin in eine Kunstschwarmkiste (eine Kiste mit einem Trichter) oder einen Siebkasten (siehe Seite ••) eingehängt. Bei der Verwendung eines Siebkastens wird das kranke Volk vor dem Kasten von den Waben abgeschlagen (hierzu mit der linken Hand das Rähmchen halten und mit der rechten Hand auf den Handrücken schlagen, damit die Bienen auf den Boden fallen). Die Bienen krabbeln dann in das schützende Dunkel des Siebkastens zu ihrer Königin.

Wenn das Volk in eine Kunstschwarmkiste umziehen soll, wird es in den Trichter der Kiste abgeschlagen. Die Bienen laufen durch den Trichter hindurch zu ihrer Königin. Nach dem Umzug muß das Volk in beiden Fällen zur Beruhigung einige Tage im Keller stehen. Am ersten Tag läßt man die Bienen hungern, damit der mitgebrachte, eventuell infizierte Honig aufgebraucht und nicht später wieder in den Waben eingelagert wird. Die nächsten Tage wird mit Zuckerwasser (nicht mit Futterteig) zugefüttert. Nach 2 bis 3 Tagen werden die Bienen aus der Dunkelhaft entlassen und in ihre inzwischen desinfizierte und gereinigte Beute zurückgesetzt.

Desinfektion:
Während die Bienen im Keller ausharren, werden Beute und Geräte mechanisch gereinigt und anschließend desinfiziert: Hierzu den Beutenboden mit einer Folie auslegen und sämtliche Ablagerungen im Inneren abkratzen. Nach der mechanischen Reinigung wird die Folie mitsamt Inhalt verbrannt oder tief eingegraben. Im zweiten Schritt wird die Beute mit einer 2- bis 5prozentigen Sodalauge (Ätznatronlösung) gründlich desinfiziert und im noch feuchten Zustand mit einer Lötlampe oder einem Propangasbrenner abgeflammt, bis sich das Holz auf der Innenseite braun verfärbt. Der Kasten wird anschließend mit neuen Mittelwänden bestückt und ist dann wieder einzugsbereit. Die Bienen werden nun in ihre Beute umquartiert und so lange mit Zuckerwasser versorgt, bis sie den Futterverlust durch die Entnahme der infizierten Waben wieder ausgeglichen haben. Die Baubienen beginnen sofort mit ihrer Arbeit und bauen die Mittelwände zu Waben aus, so daß Futter eingelagert und hoffentlich gesunde Brut angelegt werden kann.

Medikamentöse Behandlung:
»Sulfathiazol« wird zum Teil zur medikamentösen Therapie der bösartigen Faulbrut eingesetzt. Es handelt sich um ein Sulfonamid, das zur Behandlung von bakteriellen Infektionen eingesetzt wird. Durch das Medikament werden jedoch nicht die Sporen abgetötet, so daß die Krankheit erneut zum Ausbruch kommen kann. Die bessere Behandlungsmethode stellt demnach die Kunstschwarmbildung dar.

Abtötung: Wenn der Amtstierarzt die Abtötung eines kranken Volkes verfügt, muß der Imker Folge leisten. Das Volk wird »abgeschwefelt« und anschließend verbrannt oder tief in der Erde vergraben. Für diese traurige Arbeit muß man das Flugloch verstopfen, eine Schwefelschnitte anzünden, sofort in einen Wabenschwefler legen (Schwefel tropft) und zum Volk geben. Die Bienen sind schnell tot.

Nosematose (Nosema-Seuche)

Verursacher dieser Darmkrankheit ist der mikroskopisch kleine Einzeller *Nosema apis Zander*. Er zerstört die Zellen des Mitteldarms, wodurch es zu schweren Verdauungsstörungen bis hin zum Tod kommen kann. Nosema ist das klassische Beispiel einer Faktorenseuche. Entstehung und Verlauf der Krankheit werden ganz wesentlich von äußeren Faktoren, wie Witterung, Tracht und Können des Imkers, beeinflußt. Erst wenn die Widerstandskraft der Völker durch ungünstige Umstände beeinträchtigt ist, kommen die Erreger zum Zuge und können zu einer ernsthaften Gefahr werden.

Nosema-Erkrankungen treten gehäuft in einem feuchten, kalten Frühjahr auf, insbesondere wenn die kranken Tiere wegen anhaltend schlechter Witterung gezwungen sind, innerhalb des Stockes abzukoten. Die mit Nosema-Sporen infizierten Kotflecken werden von den reinlichen Stockgenossinnen aufgeleckt, wodurch die Ansteckung erfolgt. Im Winter/Frühjahr 1995/96 führte Nosema nach einem langen Winter und kalten Frühjahr in Kombination mit wasserarmem Melezitosehonig als Winternahrung bei vielen bayerischen und österreichischen Imkern zum Totalverlust aller Völker.

Symptome:

Verwechslungsgefahr besteht mit Tracheenmilbenkrankheit, Septikämie (einer Blutkrankheit, die zusammen mit anderen schweren Krankheiten auftritt) und Amöbenseuche. Die Bienen verkoten Rähmchen und Ausflugloch, krabbeln mit aufgetriebenen Hinterleibern flugunfähig vor dem Stock auf dem Boden und halten sich in kleinen Grüppchen aneinander fest. Ein sicherer Nachweis kann nur durch das Mikroskopieren eines Bienendarms erfolgen (Nosema-Sporen). Wer kein geeignetes Mikroskop zur Hand hat, kann wintertote Bienen an das Landesuntersuchungsamt schicken. Hierzu die Proben jedes Volkes einzeln in luftdurchlässige Behälter (zum Beispiel Zündholzschachteln) verpacken. Die Fachleute stellen dann die Diagnose gegen ein geringes Entgelt (7 DM pro Volk, Stand 1996).

Bekämpfung:

Derzeit gibt es kein einziges zugelassenes Medikament gegen die Seuche. Noch vor wenigen Jahren wurde mit dem Antibiotikum Fumidil B behandelt. Das Präparat wurde jedoch inzwischen vom Markt genommen, da es keine Zulassung hat.

Durch die Gabe von verflüssigtem Honig oder Zuckerlösung im Verhältnis 1:1 im Futtereimer kann den Bienen zumindest ein wenig geholfen werden. Man kann die Flüssigkeit auch in ein Glas füllen und mit einem Leinentuch verschließen. Der Behälter wird anschließend mit der Öffnung nach unten auf das Futterloch gestellt. Die Patienten nehmen das Zusatzfutter dankbar an. Auch Wärme ist zur Linderung geeignet.

Amöbenruhr

Verursacher der Amöbenruhr ist der kleine Einzeller *Malpighamöba melleficae Prell*. Wie der Name andeutet, vermehrt sich der Erreger in den schlauchartigen Harnkanälen der Biene, den Malpighischen Gefäßen. Die Öffnungen dieser dünnen Schläuche werden von Amöbendauerzysten verstopft, wodurch es zu lebensbedrohenden Verdauungsproblemen kommt. Die Krankheit ist äußerst ansteckend und wird über den Kot verbreitet. Die reinlichen Tiere lecken den Kot im Stock auf und infizieren sich auf diese Weise.

Symptome:
Gebremste Volksentwicklung, aufgeblähter Hinterleib, Bienen mit zittrigen Bewegungen, dünnflüssiger, schwefelgelber, übelriechender Kot (Ruhrflecken). Die Krankheit tritt oft gleichzeitig mit Nosema auf und führt meist zum Tod.

Bekämpfung:
Bisher ist keine medikamentöse Behandlung möglich. Man kann der Krankheit durch gute Frühjahrspflege und einen zweckmäßigen, nicht zu feuchten Standort vorbeugen.

Kalkbrut (Ascosphaeriose)

Die Krankheit wird durch den Schimmelpilz *Ascosphaera apis* verursacht, wobei der Pilz die Larve durchwächst und mumifiziert. Die verendeten Larven sind entweder weiß oder braungrün und liegen locker in ihren Zellen (Abbildung 58). Die Vermehrung erfolgt über Pilzsporen. Die Kalkbrut ist ebenso wie die Nosematose eine Faktorenseuche, deren Ausbruch stark von äußeren Faktoren abhängt. Bei ungünstigen Umweltbedingungen, zum Beispiel kühlen und feuchten Sommern, kann es zu einem verstärkten Auftreten der Krankheit kommen. Ungünstig sind zudem feuchte Standplätze, etwa an einem See.

Bekämpfung:
Zur Bekämpfung der Krankheit sind Antimykotika (pilzabtötende Mittel) sowie Desinfektion von Beuten und Gerätschaften geeignet. Unter Umständen muß

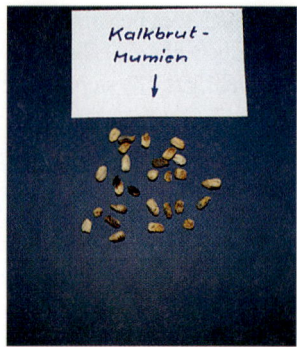

Abb. 58: Typische Kennzeichen der Kalkbrut: Die mumifizierten Larven sind weiß oder braungrün gefärbt.

ein neuer Wabenbau durch Kunstschwarmverfahren erfolgen. Falls keine Besserung eintritt, wird die Königin ausgewechselt.

Passende Wohnungsgröße

Im Laufe des Jahres wächst oder schrumpft das Volk. Kurz nach Winterende hat es mit 10000 bis 15000 Einzeltieren seine geringste Stärke, im Frühjahr bekommt die Großfamilie enormen Nachwuchs, um sich dann im Herbst mit 20000 bis 60000 Mitgliedern auf den Winter vorzubereiten. Wenn die Wohnung im zeitigen Frühjahr durch die vielen Winteropfer zu groß geworden ist, gehen unnötig Energie und Wärme verloren. Die Wohnung wird hingegen zu klein, und es besteht Schwarmgefahr, wenn das Volk im Mai und Juni starken Zuwachs bekommt.

Einengen

Die Wohnungsgröße sollte bereits bei der ersten Kontrolle im Frühjahr der verminderten Volksstärke angepaßt werden. Hierzu werden alle leeren beziehungsweise wenig besetzten Waben aus dem Stock entfernt. Die Bienen rücken näher zusammen und können nun die zur Brutbetreuung nötigen 35 C Wärme bei einer Luftfeuchtigkeit von 60 Prozent erzeugen.

Vereinigen von Völkern

Beim Vereinigen ziehen zwei, höchstens drei sich fremde Völker in eine gemeinsame Wohnung. Vereinigt werden kann in den beiden folgenden Fällen:

1. Wenn das Volk im Winter stark zusammengeschrumpft ist und sich aus eigener Kraft nicht mehr zu einem starken, widerstandsfähigen Volk mausern kann. Das Volk darf jedoch nicht krank sein, da sich durch die Vereinigung Krankheiten ausbreiten könnten.

2. Wenn das Volk – aus welchen Gründen auch immer – seine Königin verloren und der Imker keine Reservekönigin zur Hand hat. Erkennbar ist die Weisellosigkeit an einem kräftigen, unruhigen Brausen im Stock, unter Umständen an Kotflecken an den Rähmchen und am Ausflugloch sowie an der zunehmenden Stechlust. In diesen Fällen muß den Tieren schnell geholfen werden.

Die Vereinigung ist eine wirkungsvolle »Erste-Hilfe-Maßnahme«. Da jede Königin einen eigenen Stockgeruch verbreitet, müssen jedoch zunächst einige Vorbereitungen getroffen werden, damit die Bienen einander akzeptieren. Die Kieferdrüsen der Stockmutter scheiden in kleinen Mengen einen Duftstoff – ein sogenanntes Pheromon – aus. Die pflegenden Arbeiterinnen nehmen geringe Konzentrationen dieses Königinnenpheromons oder Weiselstoffes auf und verteilen es im Stock. Eine Biene erkennt ihre Stockgenossinnen an dem für jedes Volk typischen Geruch und kann die Zugehörigkeit anderer Bienen zu dem jeweiligen Volk feststellen. Da Eindringlinge fremd riechen, werden sie als Räuber enttarnt und angegriffen. Im ersten angeführten Fall haben beide zu vereinigende Völker eine unterschiedliche Königin und damit einen unterschiedlichen Stockgeruch. Bei einer schnellen Vereinigung käme es zu Mord und Totschlag. Mit den folgenden Methoden kann man einem sinnlosen Heldentod vorbeugen.

Zeitungsmethode:
Aus dem schwächeren Volk wird – falls vorhanden – die Königin entfernt. Nach circa einer Stunde erkennen die Bienen ihre führungslose Lage und beginnen unruhig zu brausen. Die Vereinigung läuft wesentlich friedlicher ab, wenn die Bienen satt sind. Mit einem kleinen Trick kann man erreichen, daß die kleinen Honiginsekten noch einmal richtig Futter aufnehmen: Hierzu bläst man Rauch mit Hilfe des Smokers in das Flugloch. Die Bienen wittern Gefahr und nehmen vor der vermeintlichen Brandkatastrophe instinktiv möglichst viel Futter auf. Diese Futterreserve würde ihnen unter natürlichen Bedingungen ein mehrtägiges Überleben außerhalb des »verbrannten« Stockes sichern.

Um die tatsächliche Vereinigung etwas hinauszuzögern und den Tieren damit die Möglichkeit zu geben, sich aneinander zu gewöhnen, legt man Zeitungspapier zwischen die Waben der beiden Völker. Das Papier wird zuvor mit einem Nagel durchlöchert. Wenn das Papier durchgefressen ist, ist die kritische Phase bereits überwunden.

»Duft«-Methode:
Diese Methode kann zusätzlich zur Zeitungsmethode verwendet werden. Um den unterschiedlichen Stockgeruch beider Völker zu überdecken, tropft man vor der Vereinigung einige Tropfen Thymiangeist nach ZANDER (im Bienenfachgeschäft erhältlich) oder Jägermeister auf saugfähiges Papier oder Bierdeckel und legt diese in die beiden Beuten. Da das ätherische Öl beziehungsweise der Alkohol den Stockgeruch verdeckt, riechen nun beide Völker für die Bienen identisch. Noch ein Tip: Man sollte immer abends vereinigen, da sich die Bienen dann schneller beruhigen.

Abkehren:
Eine einfachere und schnellere Methode ist das Abkehren. Sie wird hauptsächlich angewendet, wenn ein Volk brutlos ist. Hierzu nimmt man das schwache Völkchen vor dem Bienenhaus aus der Beute und stößt die Einzeltiere von den Waben herunter. Anschließend entfernt man die leere Beute, verschließt das Anflugloch und macht es unkenntlich (bunte Anflugsfront mit Zeitungspapier verkleiden). Die obdachlos gewordenen Bienen müssen sich nun ein neues Heim suchen. Sie versuchen, sich bei anderen Völkern einzubetteln. An einer Art Demutshaltung erkennen die Wächterinnen am Einflugloch, daß es sich dabei um Asylsuchende und nicht um Räuber handelt. Die Heimatlosen finden Einlaß und werden in das neue Volk integriert.
Die Königin wird jedoch beim Versuch, ein neues Zuhause zu finden, bekämpft und abgestochen. Eine Asylsuche ist erfolgversprechender, wenn die fremden Arbeiterinnen satt sind und den Gastgebern eine Futterprobe aus ihrem Honigmagen anbieten können. Deswegen empfiehlt es sich, die Bienen auch vor dem Abkehren mit Rauch zu animieren, nochmals tüchtig Nahrung aufzunehmen.

Erweitern

Wenn sich Ende April oder Anfang Mai die Außentemperaturen langsam stabilisieren und die Zeit der ersten Frühblüher vorbei ist, wächst das Volk sprunghaft an. Jede verfügbare Leerwabe wird dann bestiftet. Spätestens jetzt müssen

entfernte Waben zurückgestellt und gegebenenfalls neue Mittelwände eingesetzt werden. In einer zu kleinen Wohnung besteht die Gefahr, daß das Volk
ausschwärmt und sich ein neues Zuhause sucht.

Schwarmzeit

Es ist Mai – die Natur ist erwacht. Blätter und Blüten haben ihre Knospenhül-
len gesprengt und die graubraune Winterlandschaft in ein Blütenmeer verwandelt. Die Luft ist lau und vom schweren Duft unzähliger Blütenkelche erfüllt.
Auch die Tiere haben sich entwickelt – es wimmelt, wuselt, flirtet und balzt, wohin das Auge blickt. Jetzt ist im wahrsten Sinn des Wortes die Blütezeit im Bienenjahr. Nahrung und Wasser sind im Überfluß vorhanden, das Volk erlebt einen sprunghaften Zuwachs, und die Schwarmbereitschaft steigt.
Die Bienen entscheiden nun, ob sie bei ihrem Imker bleiben oder nicht. Wer in
dieser Zeit die Vorzeichen übersieht oder sich nicht rechtzeitig um seine Bienen
kümmert, kann einige seiner Völker verlieren. Die natürliche Funktion des
Schwärmens ist die Vermehrung der Völker. Die alte Königin zieht mit einem
Teil ihres Volkes aus, um einen neuen, möglicherweise besseren Lebensraum zu
besiedeln (Abbildung 59). Welche Faktoren die Schwarmtätigkeit auslösen, ist
nicht genau bekannt. Mitentscheidend sind sicherlich Größe der Wohnung,
Anzahl der Familienmitglieder, Witterung, Gesundheitszustand oder Futterversorgung.

Schwarmvorbeugende Maßnahmen

Wenn der Imker von Mai bis Juli nicht ständig auf der Hut ist und den ent-
scheidenden Moment verpaßt, kann das Volk ausschwärmen und damit verloren sein. In den ersten Jahren der Bienenhaltung wird es immer wieder passieren, daß ein Volk verschwindet. Erst mit der Zeit wird sich ein Gefühl für die
Schwarmfreude der Bienen einstellen. Der erfahrene Imker kann anhand der
Wetterlage oder durch Zuhören erkennen, in welcher Stimmung seine Völker
sind.

Abb 59: Diese prachtvolle Schwarmtraube soll in einen Korb eingeschlagen werden.

Flügelstutzen

Hierbei wird der Königin ein Flügel um ein Drittel seiner Länge gekürzt, wodurch sie flugunfähig wird. Wenn sie zur Schwarmzeit den Stock zusammen mit ihrem Volk verläßt, stürzt sie hilflos zu Boden. Die führungslos gewordenen, verwirrten Bienen kehren wieder um, und das Schwärmen ist verhindert. Die Königin verhungert mit wenigen Bienen vor ihrem Stock.

Obwohl viele Imker diese Methode anwenden und sie in der Fachliteratur immer wieder als einfach und zeitsparend propagiert wird, ist das Flügelstutzen zur Schwarmverhinderung in unseren Augen schäbig und keineswegs tiergerecht. Es zeugt von einer rein profitorientierten Sichtweise der Bienenhaltung und einer Respektlosigkeit gegenüber den enormen Leistungen des kleinen Insekts. Jeder Bienenfreund sollte sich von dieser Maßnahme distanzieren. Es gibt andere, einfühlsamere Methoden, die das Volk zuverlässig im Stock halten und nebenbei andere Vorteile liefern.

Altköniginnenableger

Diese Methode macht sich die Tatsache zunutze, daß ohne Königin kein Schwärmen stattfindet. Der Imker entzieht dem schwarmbereiten Volk die Königin, das nun eine neue Stockmutter aus einer Arbeiterinnenlarve oder einem Ei nachziehen muß (Abbildung 60). Die alte Königin bezieht eine neue große Wohnung in einem Ablegerkasten und erhält eine Handvoll Bienen aus ihrem Stammvolk, ein bißchen Futter sowie Wasser. Da sie sich plötzlich um den Aufbau eines neuen Volkes kümmern muß, ist die Schwarmstimmung schnell verflogen.

Der Nachteil dieser Methode besteht darin, daß die Königin gefangen und kurzfristig in einen Abfangkäfig gesperrt werden muß. Das bringt zwei Probleme mit sich: Die Stockmutter ist zum einen nicht immer leicht zu entdecken und kann zum anderen verlorengehen. Der Vorteil liegt darin, daß ein Königinnenableger eine natürliche Art der Völkervermehrung darstellt. Letztendlich haben auch die Bienen ihr Ziel erreicht und eine neue bienengerechte Unterkunft bekommen.

Abb. 60: Die Königin wird mit einem Klipskäfig gefangen.

1. Königin aus dem Volk fangen und kurzfristig in einem Abfangkäfig gefangenhalten.

2. Ablegerkasten vorbereiten und folgendermaßen bestücken (Abbildung 61):
   - 2 Brutwaben ohne Weiselbecher (gegebenenfalls vorher zerstören) aus dem Stammvolk,
   - 1 Futterwabe,
   - 1 Wasserwabe (Leerwabe wird mit Wasser besprüht),
   - 1 Mittelwand.

3. Ablegerkasten besetzen:
   - Arbeiterinnen von zwei besetzten Waben des Stammvolkes in den Ablegerkasten hineinstoßen.
   - Königin aus ihrem Käfig in den Ablegerkasten entlassen.
   - Futterteig oben auf die Wabengassen auflegen.
   - Ableger ungefähr anderthalb Stunden am Bildungsort stehenlassen, damit die Altbienen zu ihrem Stammvolk zurückfliegen können. Erst dann mit kleiner Flugöffnung am neuen Platz aufstellen.

Abb 61: Der Ablegerkasten ist kleiner als eine Beute. Er faßt einige Rähmchen und hat für Transportzwecke ein verschließbares Ausflugloch an der Stirnseite. Ablegerkästen sind im Bienenfachgeschäft erhältlich oder können selbst angefertigt werden.

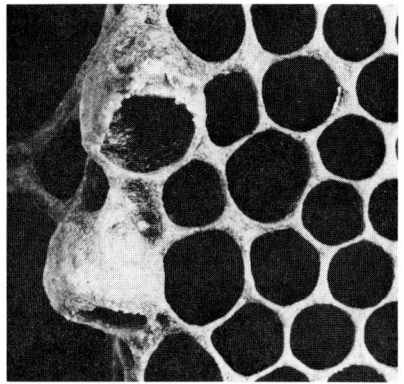

Abb. 62: Schwarmzellen werden von Mai bis Juli meist am Rand der Waben angelegt.

Nachschaffungszellen entstehen aus normalen Arbeiterinnenzellen und befinden sich daher meist mitten auf der Wabe. Hier haben die Bienen drei Nachschaffungszellen nebeneinander ausgebaut.

4. Der neu besetzte Kasten kann nun gesondert aufgestellt werden.

5. Schwarmzellen im Stammvolk bis auf eine zerstören (Abbildung 62): Im Stammvolk sind mit großer Wahrscheinlichkeit mehrere Weiselbecher zu finden. Sie müssen alle bis auf eine besonders schöne Weiselzelle zerstört werden. Aus ihr wird die neue Königin schlüpfen.

6. Nachkontrolle nach 9 Tagen: Im Stammvolk besteht die Gefahr, daß die Arbeiterinnen aus Angst, ohne Stockmutter zugrunde gehen zu müssen, noch nicht gedeckelte Arbeiterinnenlarven zu Reserveköniginnen heranfüttern. Die Arbeiterinnenzellen werden dann kurzerhand zu Nachschaffungszellen umgebaut. Dieser Zelltyp befindet sich nicht wie die originäre Schwarmzelle am Rand der Waben, sondern oft mittendrin.
Es ist also notwendig, nach 9 Tagen – dann spätestens sind alle Larven verdeckelt – nochmals zu kontrollieren. Alle Nachschaffungszellen müssen zerstört werden! Die Jungkönigin ist inzwischen geschlüpft und wird mit ihrer Legetätigkeit 2 bis 6 Tage nach dem Hochzeitsflug beginnen.

Brutableger

Bei dieser Methode macht man sich den Umstand zunutze, daß ohne Schwarmzellen kein Schwärmen stattfindet. Schwarmzellen sind Weiselzellen, die von
den Bienen zur Schwarmzeit angelegt werden. Aus der Schwarmzelle schlüpft
die Prinzessin, die die Thronfolgerin der alten ausgeschwärmten Regentin ist.
Bei dieser Methode werden dem schwarmlustigen Volk die Schwarmzellen an-
stelle der Königin weggenommen. Die Stockmutter darf bei ihrem alten Volk
bleiben – ohne Schwarmzellen wird sie nicht mit ihren »Untertanen« ausziehen,
da keine Nachfolgerin schlüpfen kann.
Vorteile eines Brutablegers sind die Tatsachen, daß die Königin nicht heraus-
gefangen werden muß und zudem der Imker ein Reservevölkchen erhält. Wenn
eine Prinzessin aus einer Weiselzelle des Brutablegers geschlüpft ist (Abbildung
63), hat der Imker ein komplettes Minivölkchen zur Hand, das er einsetzen
kann, falls aus irgendwelchen Gründen ein Volk in Not geraten ist und um- ge-
weiselt oder neubeweiselt werden muß.
Einziger Nachteil der Methode ist die verzögerte Bruttätigkeit, da die Königin
erst schlüpfen und anschließend begattet werden muß. Aus diesem Grund darf
man die Brutablegerbildung nur bis *Ende Juni* durchführen, da das Völkchen
andernfalls zu schwach für den Winter ist.

Vorgehensweise Schritt für Schritt:

1. Durchsicht der Waben nach Schwarmzellen: Alle Weiselzellen bis auf eine –
   wenn möglich gedeckelte – mit einem kleinen Messer herausschneiden und
   entfernen. Nachschaffungszellen nicht übersehen!

2. Ablegerkasten oder eine Leerbeute vorbereiten und folgendermaßen bestücken:
   – 2 bis 3 Brutwaben mit einer – wenn möglich – bereits gedeckelten
     Schwarmzelle und den darauf befindlichen Pflegebienen (hieraus wird die
     zukünftige Königin des Ablegervölkchens schlüpfen),
   – 1 Mittelwand, die direkt an die Brutwaben anschließt, eventuell 1 Leerwabe,
   – 1 Futter- oder Honigwabe,
   – 1 Wasserwabe (Leerwabe mit Leitungswasser besprühen).

3. Besetzen und Aufstellen des Ablegerkastens: Pflegebienen und Sammlerinnen von 3 bis 4 besetzten Waben werden dem Ableger zugesetzt. Da die
   Altkönigin noch im Stammvolk weilt, Bienen nur aus dem Honigraum abstoßen! Da viele Außendienstbienen zu ihrer alten Königin zurückfliegen,

sollte folgendes beachtet werden: Neubesiedelten Ableger circa 20 Minuten mit offenem Flugloch an Ort und Stelle stehenlassen (»Unwillige« können wieder zurückfliegen) und dann erst Ableger an den endgültigen Platz bringen. Das Flugloch zunächst eng halten, um das verbliebene Minivölkchen vor Räubern zu schützen. Des weiteren Futterteig auf die Wabengassen oben auflegen.

4. Nachkontrolle nach spätestens 9 Tagen: Nach Entnahme und Zerstörung der Schwarmzellen wird das Stammvolk sofort beginnen, die Weiselbecher wiederaufzubauen und weitere Jungköniginnen heranzuziehen. Auch bei dieser Methode ist eine erneute Kontrolle nach spätestens 9 Tagen erforderlich.

Schröpfen

Da man das Schwärmen durch eine Verringerung der Volksstärke verhindern kann, entnimmt man dem schwarmlustigen Volk Brutwaben ohne aufsitzende Bienen. Die Schwarm- oder Nachschaffungszellen werden zerstört, die Brutwaben können zur Verstärkung schwacher Völker eingesetzt werden, sie werden ohne weitere Vorbereitung in die jeweilige Beute eingehängt. Die entnommenen Brutwaben werden durch Leerwaben (falls vorhanden) oder Mittelwände ersetzt. Im Stammvolk kommt es zu einer momentanen Brutverzögerung – es schlüpfen weniger Junge, als Alte sterben – und zu einer Verringerung der Volksstärke.

Der Vorteil liegt auf der Hand: der Arbeitsaufwand ist bei dieser Methode gering. Nachteilig ist, daß es zu keiner Völkervermehrung, sondern nur zu einer Völkerverstärkung kommt.

Zeichnen der Königin

Beim Zeichnen wird ein buntes, mit einer Nummer versehenes Opalithplättchen auf den Rückenschild der Brust geklebt. Warum wird eine Königin überhaupt gekennzeichnet? Der Imker kann mit Hilfe des Zeichnens feststellen, wie alt die Königin ist, ob sich noch immer dieselbe Stockmutter im Stock befindet oder ob inzwischen »still umgeweiselt« wurde. Außerdem ist die Königin mit einem farbigen Plättchen auf dem Rücken viel leichter zu entdecken (Abbildung 64).

Notwendige Gerätschaften:
Zeichenholz, Zeichenlack (kein Nagellack!), Zeichennetz, farbige Opalithplättchen mit Nummern (Zeichennetz und Opalithplättchen sind im Fachhandel erhältlich). Die Plättchenfarbe steht für ein bestimmtes Jahr. Im Sechsjahresrythmus wiederholen sich die Farben der Plättchen:
Weiß: alle Jahreszahlen mit einer 1 oder 6 am Ende, z. B. 1991 oder 1996
Gelb: alle Jahreszahlen mit einer 2 oder 7 am Ende, z. B. 1992
Rot: alle Jahreszahlen mit einer 3 oder 8 am Ende, z. B. 1993
Grün: alle Jahreszahlen mit einer 4 oder 9 am Ende, z. B. 1994
Blau: alle Jahreszahlen mit einer 5 oder 0 am Ende, z. B. 1995 oder 1990

Zunächst einmal muß die Kandidatin gefangen werden. Dazu verwendet man am besten einen Klipskäfig; das Fangen mit der Hand ist riskant, da der menschliche Geruch die Bienen zum Abstechen ihrer Königin reizen kann. Mit dem Klipskäfig ist das Fangen ganz einfach, sofern der Jäger Ruhe bewahrt. Man darf den Käfig nur schließen, wenn die Königin vollständig hineingekrabbelt ist, andernfalls quetscht ihr der Ungeübte den Hinterleib ab. Beim ersten Mal kann man die gesamte Zeichnungsprozedur ja an einer stachellosen Drohne ausprobieren.
Der erste Schritt ist nun getan, und die Königin sitzt im Klipskäfig. Anschließend läßt man die Königin auf einer flachen Schaumstoffunterlage laufen und legt den Zeichnungskäfig auf sie drauf. Der Käfig besteht aus einem kleinen Metallring, der mit einem grobmaschigen Netz überspannt ist. Die Königin ist nun arretiert, und das Plättchen kann durch die Maschen hindurch auf ihren Rücken geklebt werden. Dazu nimmt man ein an beiden Enden angespitztes

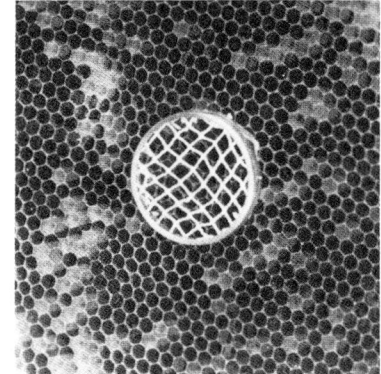

Abb. 64: Die Königin erhält ein farbiges numeriertes Opalithplättchen. Damit kann sie jederzeit identifiziert und auch leichter gefunden werden.
Unter dem Zeichennetz kann die Königin nicht entfliehen.

Zeichenholz und tupft mit der Spitze etwas Lack auf die große Rückenplatte zwischen den Flügeln. Der Lack darf nicht zwischen Kopf und Brust laufen oder die Beine verkleben. Dann feuchtet man das andere Ende des Zeichenholzes mit Speichel an, nimmt das Plättchen mit der gewölbten Seite nach oben auf und klebt es der Königin auf den Rücken. Fertig! Die gezeichnete Königin darf wieder zurück zu ihrem Volk. Sie kann nun zeitlebens identifiziert werden. Die Daten der Königin trägt man anschließend in die Stockkarte ein.

Einfangen eines Schwarmes

Ein Schwarm hat sich in einem fremden Garten, an einer befahrenen Straße oder in einem hohlen Baumstamm niedergelassen. Meist haben die Anlieger bereits die Feuerwehr informiert, die mit Einsatzwagen und großem Aufmarsch den Schwarm in eine Kiste verfrachtet. Dort bleibt er, bis ihn ein Imker abholt. Dies ist zwar ein müheloser und einfacher Weg, um zu einem neuen Volk zu kommen, die fremden Bienen können jedoch krank sein und die eigenen Völker anstecken. Sie können auch unerwünschte genetische Veranlagung in sich tragen, wie Stechlust oder Schwarmfreudigkeit. Erst mit der Zeit erfährt man, was man sich eventuell mit einem fremden Schwarm eingehandelt hat.

Rechtliche Regelung

Da es schon seit langem Streitereien um die Eigentumsverhältnisse an Schwarmvölkern gibt, mußte sich die Rechtsprechung bereits früh damit auseinandersetzen. In § 961 des Bürgerlichen Gesetzbuches (BGB) heißt es: »Zieht ein Bienenschwarm aus, so wird er herrenlos, wenn nicht der Eigentümer ihn unverzüglich in angemessenem Zeitraum verfolgt oder wenn der Eigentümer die Verfolgung aufgibt.« Mit anderen Worten, jeder Bienenschwarm, hinter dem kein schimpfender Imker herrennt, kann eingefangen und zu neuem Eigentum erklärt werden.

Wie kommt der Schwarm in die Kiste?

Ein Hinweis gleich vorweg: Ein Vorschwarm ist eigentlich nie stechlustig. Vielleicht liegt es daran, daß die Bienen vor dem Abflug noch einmal tüchtig ihre Honigblase gefüllt haben. Mit vollem Magen sind schließlich die meisten Tiere friedlich. Anders dagegen verhält es sich mit dem Nachschwarm. Die Truppe fliegt meistens ohne Futterreserven los und kann sehr ungemütlich werden. Man sollte daher sicherheitshalber Schutzkleidung tragen.

Wenn man Glück hat und die Königin in der Schwarmtraube entdeckt (was mit einem bunten Opalithplättchen auf dem Rücken wesentlich einfacher ist), braucht man nur die Dame herauszufangen. Ohne Stockmutter gerät die Schwarmtraube in Bewegung und fliegt freiwillig wieder heim. Ist die Königin nicht ausfindig zu machen, muß der Bienenvater in den sauren Apfel beißen und den gesamten Schwarm vom Baum holen. Zum Einfangen verwendet man einen hölzernen Kasten mit Deckel und kleinem Flugloch oder einen Plastikeimer, der mit einem bienendichten Gitter abgedeckt wird.

Leicht zu fangen ist eine Schwarmtraube auf einem Ast. Zuerst besprüht man die Ausreißer mit Wasser – dadurch werden die Flügel naß, und das Schwarmvolk wird ruhiger. Dann hält man den Auffangbehälter dicht unter die Traube und schlägt einige Male möglichst kräftig von oben auf den besiedelten Ast, so daß die Bienen in den Kasten fallen (Abbildung 65). Diesen stellt man mit geschlossenem Deckel und geöffnetem Flugloch in der Nähe der Fundstelle im Schatten ab. Innerhalb einer halben Stunde finden alle herumschwirrenden Bienen zu der gefangenen Königin in die Kiste. Wenn die Dame jedoch entwischen konnte, wird das gesamte Volk unruhig und zieht aus der Kiste wieder aus. Das Spiel beginnt dann von vorne.

Ungleich schwieriger ist es, wenn das Volk eine Astgabel oder einen hohlen Baumstamm als neue Heimat gewählt hat. Dann muß man die Tiere mit Hilfe

Abb. 65: Ein Schwarm wurde in die Schwarmkiste eingeschlagen. Die versprengten Arbeiterinnen finden erst allmählich zu ihrer Königin in die Kiste.

einer Feder in den Kasten befördern. Diese Aufgabe erinnert ein wenig an Flöhefangen und ist keineswegs angenehm, da sich die Bienen wehren und stechen.

Am heimatlichen Bienenstand angekommen, muß der Imker entscheiden, was mit den Ausreißern weiter passieren soll. Er kann den Schwarm als eigenständiges Volk aufstellen oder – falls bekannt – mit dem Muttervolk rückvereinigen.

Aufbau eines neuen Volkes

Der Bienenfreund hat einen starken fremden Schwarm eingefangen und will ein eigenständiges Volk daraus machen. Hierzu bestückt man eine Leerbeute mit Mittelwänden (etwa doppelt so viele Mittelwände einsetzen, wie der Schwarm Pfund wiegt) und schüttet die Bienen aus der Schwarmkiste oder dem Eimer hinein.

Es ist vorteilhaft, wenn man eine Bannwabe (Wabe mit ungedeckelter Brut) aus einem anderen Volk dem Schwarm zusetzt. Die Ammenbienen folgen ihrem Brutpflegetrieb und versorgen die Larven der Bannwabe. Die Bienen sind beschäftigt, und ein erneutes Ausschwärmen kann mit großer Wahrscheinlichkeit verhindert werden.

Eingefangene Vorschwärme darf man in den ersten 3 Tagen nicht füttern, da die Bienen mit gefüllter Honigblase losgeflogen sind und noch keine Möglichkeit haben, ihr mitgebrachtes Futter zu speichern – sie müssen erst Waben bauen. Bei schlechter Tracht wird Futterteig angeboten, damit das Volk keine Not leidet.

Mehlprobe und Rückvereinigung

Wenn der Schwarm nicht sehr stark ist und der Imker annimmt, daß er möglicherweise einem seiner Völker entstammt, ist eine Rückvereinigung sinnvoll. Mit Hilfe der Mehlprobe läßt sich herausfinden, ob es sich um einen fremden Schwarm handelt und von welchem Altvolk die aufgesammelten Tiere stammen.

Hierzu bestäubt man einige Schwarmbienen in einem Glas mit losem Mehl, läßt sie anschließend frei und beobachtet die verschiedenen Einfluglöcher. Wenn die »Müllerinnen« an einem Stock Einlaß finden, kann man davon ausgehen, daß es sich um das Muttervolk handelt. Zum Rückvereinigen fängt man die Königin (bei Nachschwärmen können es mehrere sein) – am einfachsten mit einem Siebkasten – aus dem Schwarm heraus und kippt den Schwarm auf die geöffnete Klappe (Abbildung 66). Die Bienen krabbeln durch das Königinnenabfanggitter ins schützende Dunkel der Kiste, während die dicke Königin draußen hängenbleibt und vom Imker abgefangen werden kann. Die führungslos gewordenen Schwarmbienen werden vor dem heimatlichen Bienenstand auf den Boden geschüttet und fliegen wieder zu ihrem alten Volk zurück.

Abb. 66: Mit Hilfe des Siebkastens läßt sich die Königin von ihren Untertanen trennen. Das Volk wird auf die Klappe an der Frontseite gekippt. Die Bienen versuchen, ins schützende Innere des Kastens zu gelangen. Die Königin ist für das Absperrgitter zu dick und bleibt draußen hängen.

Um ein weiteres Ausschwärmen zu verhindern, schneidet man sofort die Schwarmzellen heraus. Für den Fall, daß die Thronfolgerin noch nicht geschlüpft ist, läßt man eine schöne, bereits gedeckelte Schwarmzelle stehen.

Weisellosigkeit

Eine Weisellosigkeit liegt vor, wenn die Königin (=Weisel) fehlt, verlorengegangen oder gestorben ist. Die Königin ist gleichzeitig Mutter, da nur sie befruchtete Eier ablegen und auf diese Weise für Nachwuchs sorgen kann. Sämtliche 20 000 bis 60 000 Einzeltiere des gesamten Bienenvolkes sind ihre Kinder. Der Weiselstoff, ein Duftstoff aus den königlichen Kieferdrüsen, hält das Volk zusammen. Dieses für jede Großfamilie typische »Parfüm« wird überall im Stock verteilt, so daß Geschwister erkannt und Räuber abgewehrt werden können. Wenn die Stockmutter stirbt oder verlorengeht, verduftet der Weiselstoff, worauf das Volk innerhalb weniger Stunden mit steigender Unruhe reagiert. Weisellosigkeit bedeutet für die Bienenfamilie große Not und manchmal sogar den Untergang.

Aus diesem Grund wird die Stockmutter gut gepflegt, sie wird gefüttert, betrillert, warm gehalten und beschützt. Sie besitzt zwar einen wehrhaften Stachel, ihr Gift setzt sie aber erfahrungsgemäß nur ein, wenn ihr eine Nebenbuhlerin die Herrschaft im Stock streitig machen will. Die Königin kann ein Lebensalter von 4 bis 8 Jahren erreichen und viele Generationen ihrer Arbeiterkinder überleben.

Woran erkennt man eine Weisellosigkeit?

Am eindeutigsten ist es, wenn sich die Königin tot im Gemüll findet. Meist läßt sie sich jedoch nicht so einfach in ihrem Volk aufspüren. Die folgenden Symptome können auf eine Weisellosigkeit hinweisen:

- Unruhiges Brausen des Volkes im Stock, das deutlich lauter als normal ist.
- Verkotete Rähmchen: Ein weiseloses Volk ist wesentlich krankheitsanfälliger.
- Brutlosigkeit oder Buckelbrütigkeit: Der Weiselstoff unterdrückt bei den anderen weiblichen Stockmitgliedern die Ausbildung des Legeapparats. Wenn die Stockmutter und damit das Königinnenpheromon fehlen, setzt bei den Arbeiterinnen eine organische Umentwicklung ein, die die Eiproduktion ermöglicht. Vier bis sechs Wochen nach dem Verlust der Königin sind die Arbeiterinnen in der Lage, Zellen zu bestiften. Da diese Eier nicht befruchtet

sind, schlüpfen aus ihnen kleine Drohnen (Abbildung 67). Die Arbeiterinnen sind zu »Drohnenmütterchen« geworden. Da der Deckel ihrer Brut seltsam nach oben gewölbt ist, spricht man von Buckelbrütigkeit. Buckelbrütige Völker weigern sich meist, eine neue Königin anzunehmen. Hier hilft nur noch das Abkehren – die Bienen müssen sich bei gastfreundlichen Völkern einbetteln.

• Zunehmende Stechlust.

Weiselprobe

Falls der Imker trotz Vorliegen der genannten Symptome nicht völlig sicher ist, kann er sich mit Hilfe der Weiselprobe Gewißheit verschaffen.

Einhängen einer offenen Brutwabe:
Mitten ins fragliche Volk wird eine offene Brutwabe mit sehr jungen Larven eingehängt. Wenn die Bienen nach 1 bis 2 Tagen Nachschaffungszellen angelegt haben, ist das ein sicheres Zeichen für das Fehlen einer Königin. Werden keine Weiselzellen angezogen, kann eine unbegattete Jungkönigin zugeflogen sein oder die Weisellosigkeit bereits so lange bestehen, daß das Volk keine Weiselzellen mehr anlegen will. In diesem Fall kann nur das Durchsieben Aufschluß über eine etwaige Weisellosigkeit geben.

Durchsieben:
Sämtliche Bewohner der Beute müssen durch ein Absperrgitter gesiebt werden. Während die Arbeiterinnen durch das Gitter fallen, bleibt die größere Königin darin hängen. Auf dem gleichen Prinzip beruht der Siebkasten. Das Volk wird

auf die geöffnete Klappe gekippt und wandert durch das Königinnenabfanggitter ins schützende Innere des Kastens. Die Königin kann das Gitter nicht passieren, da sie zu dick ist.

Reserveköniginnen durch Ableger

Wurde die Weisellosigkeit diagnostiziert, benötigt das Volk dringend eine neue Königin. Jetzt ist es vorteilhaft, wenn man vorgesorgt hat. Ableger sind komplette Minivölkchen mit einer eigenen Königin und stellen eine einfache Form der Haltung von Reserveköniginnen dar. Man gibt der Königin bei der Ablegerbildung Pflegebienen ihres Stammvolkes mit, die sie füttern, betrillern, warm halten und beschützen, bis sie schließlich gebraucht wird. Altköniginnen- oder Brutableger werden bis Ende Juni insbesondere zur Verhinderung von Schwarmaktivität angelegt und sind – sozusagen als Nebenprodukt – das ganze Jahr hindurch im Notfall einsatzbereit. Wer keine eigene Reservekönigin zur Hand hat, kann beim nächsten Imkerverein anfragen – hier findet sich bestimmt ein Kollege, der aushelfen kann.

Neubeweiselung

Bei einer Neubeweiselung erhält ein Volk einen neuen Weisel, das heißt eine neue Königin. Vor der Neubeweiselung muß man den Stock nochmals auf Schwarm- oder Nachschaffungszellen kontrollieren. Ein Übersehen bedeutet den Tod der fremden Königin. Im Frühjahr wird das neue Staatsoberhaupt am ehesten angenommen, gegen Jahresmitte wird es immer schwieriger, und im Herbst klappt es wieder besser. Positiv wirkt sich eine Futterteiggabe unmittelbar vor und nach der Neubeweiselung aus, da das »Gastgeschenk« die Gemüter besänftigt.

Neubeweiselung mit Königin im Ablegervolk:
Am einfachsten ist es, den Ableger inklusive Königin mit dem weisellosen Volk zu vereinigen. Dazu müssen der Ableger und das königinnenlose Volk eine gemeinsame Wohnung beziehen. Der bevorzugte Ort sollte die Beute der führungslosen Großfamilie und nicht der Ablegerkasten sein. Das geschwächte Volk hat damit Heimvorteil, wodurch seine ohnehin beanspruchte Lebenskraft geschont wird.
- Vor der Vereinigung besprüht man beide Völker mit einer stark riechenden Lösung, zum Beispiel Thymiangeist nach ZANDER (im Bienenfachhandel er-

hältlich) oder Jägermeister. Die Völker riechen nun identisch, und der unterschiedliche Stockgeruch, der Bienenkämpfe auslösen könnte, ist überdeckt.

– Vor der Vereinigung bläst man Rauch durch beide Einfluglöcher, da der Rauch die Bienen zur Nahrungsaufnahme animiert. Da satte Bienen sanft und friedlich sind, kommt es seltener zu Raufereien zwischen den beiden Völkern.

– Die Ablegervölkchen hängt man in die Beute des weisellosen Volkes ein und nicht umgekehrt. Ablegerwaben werden in der Nähe des Flugloches plaziert, da der Stockgeruch des Ablegers am Flugloch wahrnehmbar sein muß; andernfalls finden die Neuankömmlinge nach einem Ausflug nicht mehr in ihr neues Heim zurück.

Neubeweiselung mit einer einzelnen Königin (zum Beispiel bei Neuerwerb):
Die neue Königin ist schutz- und wehrlos, da sie noch keinen eigenen Hofstaat hat, der zu ihr hält und sie beschützt. Ein gedankenloses Zusetzen zum Volk würde mit großer Wahrscheinlichkeit den schnellen Tod der Königin bedeuten. Ein behutsames Vorgehen ist daher wichtig; schließlich brauchen die beiden Parteien Zeit, um sich langsam aneinander gewöhnen zu können. Zu diesem Zweck sperrt man die Fremde in einen kleinen Drahtkäfig (am besten einen Wohlgemuth-Käfig in einem Leerrahmen verwenden, Abbildung 68), verschließt die Käfigöffnungen mit Futterteig und hängt das Käfigrähmchen zwischen auslaufende Brutwaben. Die Bienen fressen den süßen Schutzwall innerhalb weniger Tage auf und haben danach zum erstenmal direkten Kontakt mit der nun frei gewordenen zukünftigen Stockmutter. Die Tiere hatten Zeit, um sich an das neue »Haute royal« zu gewöhnen, sie können sich jetzt damit identifizieren und nehmen die neue Königin an.

Abb. 68: Wohlgemuth-Käfig in Mittelwand.

Königinnenauslese

Unsere dichtbesiedelte Kulturlandschaft verlangt nach sanftmütigen Honigbienen. Für einen Stadtimker würde das Leben mit einer Garnison stechlustiger Insekten in einem kleinen Garten zur Hölle werden – wenn nicht durch die eigenen Bienen, dann durch den aufgebrachten Nachbarn.

Weitere Zuchtziele neben Sanftmütigkeit sind Schwarmträgheit, Sammelfreudigkeit, Resistenz gegen Krankheiten und eine stete Legebereitschaft der Königin. Das Fundament für die Verhaltensweisen des ganzen Volkes liegt in den Genen von Mutter (Königin) und Vätern (Drohnen). Da die Hochzeit hoch in der Luft stattfindet, kann man die Väter nur schwer ausmachen (eine Königin wird mehrmals begattet und speichert das Sperma mehrerer Drohnen). Dies wäre außerdem sinnlos, da ein Drohn kurz nach der Begattung verendet. Für die Zucht ist demnach nur die Königin von Interesse.

Für die Imkerei wurden die verschiedensten Zuchtmethoden und -techniken entwickelt, damit die Erbanlagen wertvoller Zuchtköniginnen an möglichst viele Nachkommen weitergegeben werden können. Der Einsteiger kann aber auch ohne viele Spezialkenntnisse und ohne Extraaufwand eine gewisse Auswahl treffen, indem er von einem besonders angenehmen Volk möglichst viele Ableger bildet. Wenn der Bienenfreund Glück hat, werden die gewünschten Eigenschaften an die nachkommenden Jungköniginnen weitervererbt.

Umweiselung

Unter einer Umweiselung versteht man das Ersetzen einer Königin durch eine neue. Dies kann nötig werden, wenn eine alte Königin nicht mehr genug Spermavorrat in ihrer Samenblase hat und aus den unbefruchteten Eiern nur noch Drohnen schlüpfen. Manchmal ergreift das Volk selbst die Initiative, indem es Weiselzellen anlegt. Nachdem eine Prinzessin geschlüpft ist, leben alte und neue Königin noch einige Zeit zusammen in einem Stock und legen gemeinsam Eier ab, bis die Altkönigin schließlich eines Tages tot vor dem Ausflugloch zu finden ist. Es kann eben nur eine Königin geben. Diese Verhaltensweise wird als »stilles Umweiseln« bezeichnet.

Der Imker wird eine Umweiselung vornehmen, wenn keine stille Umweiselung erfolgt ist oder eine Königin mit schlechten Genen gegen eine zuchtwürdige Regentin ausgetauscht werden soll. Eine sanftmütige oder krankheitsresistente Stockmutter wird ihre Anlagen an ihre Kinder (hoffentlich) weitergeben.

Es ist fast aussichtslos, einem Volk gleichzeitig die Altkönigin zu nehmen und die neue Königin zuzusetzen. Die Erfahrung hat gezeigt, daß eine neuntägige

Weisellosigkeit die Akzeptanz stark erhöht. Nachdem der Imker die alte Königin entfernt hat (Barmherzigkeit ist hier fehl am Platze!), muß er 9 Tage warten.

Fall 1: Die neue Königin hat bisher in einem Ableger gelebt: Jetzt müssen das Volk, das umgeweiselt werden soll, und der Ableger vereinigt werden (eine sehr sichere Methode der Umweiselung).

Fall 2: Die Königin soll allein, ohne ihre Pflegebienen, zugesetzt werden: Hierzu die zukünftige Königin in einen Draht- oder Zusetzkäfig sperren, den Käfig mit Futterteig verschließen und anschließend zwischen die Wabengassen hängen.

Herbst und Winter

Das offizielle Bienenjahr endet im August. Die Völkerentwicklung hat bereits ihren Höhepunkt überschritten, die großen Trachten sind verblüht, langsam beginnt die Zeit der Ernte. Äpfel, Birnen, Pflaumen reifen auf den Bäumen, das Sommergetreide wird langsam gelb. Zitronengelbe Senffelder, violette Phazelia und zartrosa bis purpurfarbener Klee sind willkommene späte Pollenlieferanten. Sonnenblumenfelder verschönern im September das Landschaftsbild (Abbildung 69).

Vorsicht Räuber!

Mit versiegender Nahrungsquelle steigen die Aggressivität und die Bereitschaft der Bienen, bei Schwächeren zu stehlen. Leider kommt es immer wieder vor, daß Bienenvölker im Winter verhungern, weil sie ihre Vorräte gegen räuberische Artgenossinnen nicht verteidigen konnten. Was macht die emsigen Nektarsammlerinnen nun zu Räubern?

Man vermutet, daß die Bienen erst »auf den Geschmack« kommen müssen. Sie finden sehr schnell heraus, daß es einfacher ist, fertige Nahrung aufzusaugen, als mühsam die wenigen verbliebenen Herbstblüher abzufliegen. Wennn sie erst einmal mit nicht gesäubertem Schleudergeschirr oder verschüttetem Zuckerwasser in Berührung gekommen sind, wollen die Bienen auf diesen »Luxus« nicht mehr verzichten und brechen richtiggehend bei den schwächeren Nachbarn ein, um dort auf einfache Art und Weise an weitere Wintervorräte zu gelangen.

Aus diesem Grund darf der Imker vor allem im Herbst nichts herumstehen lassen, was den Bienen als Nahrung dienen kann. Die Futterwaben werden nicht

im Freien gelagert, sondern weggesperrt. Insbesondere die Fluglöcher unbewohnter Beuten müssen immer bienensicher abgedichtet werden.

Einwinterung

Meist wird im Juli und August zum letztenmal geschleudert, Ausnahmen machen Weißtannen- und Heidekrauttrachten. Da der Imker den Bienen ihre mühsam erarbeiteten Wintervorräte wegnimmt, ist es nur recht und billig, wenn die fleißigen Tiere entsprechend entschädigt werden. Als Winternahrungsquelle wird eine wäßrige Zuckerlösung oder Futterteig gereicht. Das wirkt auf den ersten Blick schäbig. Wenn man den Zucker jedoch rechtzeitig gibt, wird dieses Rohprodukt von den Bienen gerne angenommen und im Bienenkörper zu einem honigähnlichen Produkt verarbeitet, bevor es in die Vorratszellen eingelagert wird.

Herstellung von Zuckerlösung

Hierzu werden 4 Kilo Raffinadezucker und 2,5 Liter kaltes Wasser in einen Plastikeimer (5 Liter Fassungsvermögen) gefüllt. Ein Umrühren ist nicht erforderlich. Anschließend wird der volle Eimer mit einem Spezialdeckel verschlossen. Dieser weist in der Mitte ein circa 5 Zentimeter großes Loch auf, das mit einem feinmaschigen Gitter abgedeckt ist. Der verschlossene Eimer wird nun umgedreht und auf das geöffnete Futterloch auf der Oberseite der Beute gestellt. Das Gitter ist so fein, daß die Oberflächenspannung der Zuckerlösung ein sofortiges Durchtreten der Flüssigkeit verhindert (Abbildung 70).

Abb. 70: Futtereimer in verschiedenen Größen – ein feinmaschiges Netz verhindert, daß Zuckerwasser in den Stock rinnt. Die Bienen nehmen die Zuckernahrung ab, verarbeiten sie zu einem honigähnlichen Stoff und lagern das Endprodukt in den Vorratszellen ein.

Die Bienen nehmen das Zuckerwasser in winzigen Portionen allmählich vom Netz ab, versetzen es im Honigmagen mit Enzymen und anderen Inhaltsstoffen und lagern es in ihren Vorratswaben, in denen es schließlich für den Winter verdeckelt wird. Pro Volk müssen bei Lager- und Hinterbehandlungsbeuten circa 12 Kilo Zucker zugefüttert werden. Bei Magazinbeuten im Freiland sollten es ungefähr 15 Kilo und mehr Futterersatzzucker pro Volk sein.

Äußerlich sind diese Futterwaben nicht mehr von den ursprünglichen Honigwaben zu unterscheiden. Damit sich die Bienen ausreichend auf den Winter vorbereiten können, muß möglichst früh im Herbst eingefüttert werden – Anfang bis Mitte September sollte die Fütterung abgeschlossen sein (Ausnahme Wanderimker).

Spättracht

Gelegentlich kann die Weißtanne im Oktober oder November mit einer späten Honigtautracht überraschen (Abbildung 71). Es ist zwar unbedenklich, wenn

Abb. 71: Weißtannen-Lachniden sorgen in manchen Jahren für eine unerwünschte Spättracht.

die Bienen nach der Wintereinfütterung nochmals Honig einbringen, Honig aus Spättrachten (Weißtanne, Heidekraut) hinterläßt jedoch viele Rückstände im Bienendarm und kann im Winter die Darmkrankheit »Ruhr« provozieren. Um Erkrankungen zu verhindern, sollte der Imker den Bienen diese spät angelegten Honigwaben nach Möglichkeit wegnehmen und nochmals mit Zuckerwasser nachfüttern.

Schwache Völker nicht in den Winter gehen lassen

Jeder Imker möchte, daß seine Völker möglichst stark in den Winter gehen, da sie dann eher überleben und Krankheiten besser widerstehen können. Wenn es draußen kälter wird, rückt die Gemeinschaft eng zur sogenannten Wintertraube zusammen und versucht so, sich gegenseitig warm zu halten. Da ein starkes Volk viel Bienenmasse hat, kühlt es langsamer aus. Die Tiere starker Völker benötigen weniger Lebenskraft, um die lebensnotwendige Stocktemperatur zu erzeugen, als ein Volk mit einer vergleichsweise geringeren Zahl an Mitgliedern. Ein schwaches Volk, das zum Zeitpunkt der Einwinterung weniger als 4 Waben besetzt, sollte man so nicht in den Winter gehen lassen. Es besteht nämlich die Gefahr, daß die Wintertraube bei dem Versuch, die Wärme zu halten, langsam nach oben wandert, bis sie am Wabenrand angekommen ist und den Anschluß an die Futterreserven verliert (Abbildung 72). Das Volk müßte dann verhungern.

In einem solchen Fall muß man im Herbst für eine Verstärkung der Bienengesellschaft zu sorgen. Dies geschieht am einfachsten, wenn man zwei schwache Völker mit Hilfe der Zeitungsmethode zu einem starken vereinigt.

Abb. 72: Obwohl noch genügend Nahrung auf der Wabe vorhanden ist, ist die Wintertraube ohne Futter. Die Bienen haben den Anschluß an ihre Vorräte verloren und wären bei einer länger andauernden Frostperiode in akuter Gefahr.

141

Varroa-Bekämpfung

Seit der Sommersonnwende Ende Juni stellt sich die innere Uhr der Königin auf die kürzer werdenden Tage ein. Als Folge reduziert sie stetig die Eierproduktion und stellt schließlich Ende November die Legeaktivität ein – die Gemeinschaft ist dann brutlos. Jetzt ist die beste Jahreszeit, um intensiv gegen die Varroa-Plage vorzugehen.

Die blutsaugende Milbe hat sich während des Sommers auf Kosten der Bienenlarven kräftig vermehrt und schmarotzt nun in der brutlosen Zeit ausschließlich auf ausgewachsenen Bienenopfern. Da der Parasit von keiner abgedeckelten Brutzelle mehr geschützt wird, ist er den Milbenmedikamenten völlig ausgeliefert. Der Honig ist geschleudert, wodurch ein möglicher Rückstand von chemischen Varroa-Bekämpfungsmitteln in der menschlichen Nahrung weitgehend verhindert werden kann. Natürlich bleibt weiterhin das Problem der Anreicherung im Wachs bestehen, das als Rohstoff für Salben oder Kerzen dient. Zudem besteht bei einer Wiederverwendung der Altwaben die Gefahr, daß erneut Honig in kontaminierte Waben eingelagert wird.

Die letzte Durchsicht

Nach der Wintereinfütterung sollte nochmals eine letzte Durchsicht erfolgen. Bevor das Volk für die nächsten 4 bis 5 Monate sich selbst überlassen werden muß, sollten die Erfolge der Einwinterungsmaßnahmen überprüft werden. Weiterhin müssen folgende Punkte berücksichtigt werden:
- Weiselrichtigkeit: Hat jedes Volk eine Königin?
- Sind die Bienen gesund?
- Ist die Herbstgemeinschaft stark genug für den Winter?
- Hat das Volk genügend Futter eingelagert?

Einengen der Fluglöcher

Diese Maßnahme ist vor allem bei kleineren Völkern und Ablegern wichtig. Spät im Herbst, wenn die Bäume schon fast kahl sind, die Flugaktivität der Völker stark nachgelassen hat und der erste Bodenfrost ins Haus steht, werden die Einfluglöcher eingeengt. Je kleiner die Öffnung zur Außenwelt ist, desto besser kann die Temperatur im Stockinneren gehalten werden. Zum Einengen können schmale Holzklötzchen, Schaumstoff oder käufliche Fluglochschieber verwendet werden. Die Fluglochweite wird je nach Stärke des Volkes reduziert.

Schutz vor Mäusen und Vögeln

Auch Mäuse und Vögel finden im Winter wenig Nahrung. Um ihren Hunger zu stillen, kommen die Tiere auf die seltsamsten Ideen. Die Spitzmaus ist ein gefürchteter Winterfeind, sie quetscht sich durch die Einfluglöcher und verzehrt die relativ unbeweglichen und nur eingeschränkt wehrhaften Bienen mitsamt ihren Vorräten. Zum Schutz vor Spitzmäusen werden die verschmälerten Einfluglöcher zusätzlich mit einem Mausschutzgitter abgesichert.

Auch Vögel warten vor dem Einflugloch, um einen nahrhaften Happen zu erwischen. Wenn sich keine Biene blicken läßt, klopfen schlaue Vögel mit dem Schnabel an die Anflugseite. Durch das »Tack-tack-tack« werden die Bienen aus dem Stock gelockt und sind dann eine leichte Beute. Das Mausschutzgitter verhindert, daß die Vögel ihren hungrigen Schnabel allzu tief in den Stock stecken können (Abbildung 73).

Die Gitter werden im Frühjahr, kurz vor dem Reinigungsflug, wieder abgenommen, da es sonst zu »Staus« vor dem Einflugloch kommt, vor allem wenn die Wintertoten zusätzlich den Ausgang ins Freie verstopfen.

Wintertraube

Im Winter ist das Bienenvolk nur durch eine dünne Holzwand vor eisigen Temperaturen geschützt. Die Tiere haben sich eng aneinandergedrängt und eine Wintertraube gebildet. Durch Flügelschlagen werden die Körper erhitzt, und durch ihre Körperwärme und das enge Zusammenrücken schaffen es die Bienen zu überleben. Die Königin sitzt inmitten der Traube und ist somit am be-

Abb. 73: Mausschutzgitter verhindern, daß das Bienenvolk in den kalten Monaten ein Opfer von hungrigen Spitzmäusen, Feldmäusen oder Vögeln wird.

Abb. 74: Jetzt zeigt sich, wer sich gut auf den Winter vorbereitet hat.

sten geschützt, während die Arbeiterinnen wandern müssen. Die Tiere wechseln sich ab, da sie in den kalten Randbereichen schnell auskühlen. Die Außenbienen dürfen zurück ins warme Innere, und die Innenbienen wandern nach außen (und umgekehrt). Die Randtemperatur der Traube schwankt normalerweise um 10 C, im Inneren gibt es hingegen heftige Temperaturschübe. Sobald auch die Kerntemperatur der Traube absinkt, beginnen die Bienen, wie mit einem Thermostat versehen, zu heizen. Innerhalb weniger Minuten kann die Temperatur bis auf 35 C steigen, obwohl es draußen bitterkalt ist (Abbildung 74).

Ernte

Honig

Zu den wichtigsten Fragen zählt in diesem Zusammenhang die nach der erntbaren Honigmenge, worauf es jedoch keine einheitliche Antwort gibt. Der Erfolg hängt in hohem Maße von der Laune der Natur und auch davon ab, was der Mensch aus ihr gemacht hat. Da die Bienenweide in unserer Kulturlandschaft oft ziemlich mager ist, können durchschnittlich nur circa 15 bis 25 Pfund Honig pro Volk und Jahr geerntet werden. Wo nichts ist, kann schließlich auch nichts gesammelt werden. In Osteuropa wird sehr viel mehr Honig pro Volk geerntet, was mit der dortigen Landschaftsstruktur zusammenhängt. Wenn die Sammlerinnen auch in unseren Breiten eine reiche Tracht vorfinden, kann der Honigertrag bis auf einen Zentner pro Volk hinaufschnellen. Auch andere Kriterien, wie die Dichte der Völker pro Fläche oder die Wanderung, haben einen großen Einfluß auf den Honigertrag.

Honig kann mehrmals im Jahr geerntet werden. Das hat den Vorteil, daß verschiedene Sortenhonige entstehen – zum Beispiel der helle Blüten-, Löwenzahn-, Raps- oder Obstblütenhonig, der dunkle Waldhonig oder der karamelfarbene Herbsthonig. In jedem Fall darf stets nur reifer Honig geschleudert werden. Reif ist der Honig, wenn der Wassergehalt auf 15 bis 17 Prozent (bei gutem Honig), mindestens jedoch auf 21 Prozent gesunken ist. Da Waldhonig von Anbeginn mit weniger Wasser eingetragen wird, kann er früher reif sein als Blütenhonig. Um sicherzugehen, führt man am besten die Spritzprobe durch. Dazu hält man die Honigwabe waagrecht und bewegt sie ruckartig nach unten: Der Honig ist reif zum Schleudern, wenn er zäh ist und auf dem Boden keine Tropfen zu sehen sind, in tropfendem Honig ist hingegen noch zuviel Wasser enthalten. Da dünnflüssiger Honig schnell zu gären beginnt und damit unbrauchbar wird, sollte man dem Honig lieber noch etwas Zeit geben. Exaktere Werte liefert ein Refraktometer. Hierzu füllt man eine kleine Honigprobe aus der zu schleudernden Wabe ein, hält das Gerät gegen das Licht und kann den genauen Wassergehalt ablesen.

Der grüne Gewährstreifen des Deutschen Imkerbundes garantiert, daß der Inhalt des Glases nach den Richtlinien des Deutschen Imkerbundes geerntet und verpackt worden ist. Die Qualität dieses Honigs liegt in diesem Fall über den Anforderungen des Lebensmittelgesetzes. Bei Gläsern ohne grünen Gewährstreifen unterliegt der Honiginhalt der Honigverordnung vom 13.12 1976. Sie schreibt vor, daß Schleuderhonig höchstens einen Wassergehalt von 21 Prozent und Heide- sowie Kleehonig ausnahmsweise einen Gehalt von 23 Prozent aufweisen dürfen.

Wabenentnahme

Da die Honigwaben stets mit Bienen besetzt sind, muß man die Tiere vor der Wabenentnahme zunächst vertreiben. Honig ist jedoch sehr geruchsempfindlich, so daß hierzu weder Rauch noch Sprays eingesetzt werden können. Als letzte »Waffe« verbleibt daher ein mit Nelkenöl beträufeltes Tuch. Wenn man es wenige Minuten vor der Wabenentnahme oben auf die Wabengassen auflegt, zieht sich ein Großteil der Bienen in den Brutraum zurück. Der Rest wird heruntergeschüttelt, wobei die Bienen in den hinteren Teil der Beute fallen. Hartnäckige Exemplare werden mit der Feder von den Waben abgekehrt, bevor die Honigwaben in einen bereitgestellten Transportkasten eingehängt werden. Der Kasten muß bienendicht sein, da andernfalls die in der Kiste versammelten Honigwaben viele hungrige Besucher anlocken würden. Um fremde Bienen nicht zum Räubern zu animieren, darf kein Honig verkleckert werden.
Die folgenden Arbeitsschritte finden in einem speziell eingerichteten Honigraum statt, zu dem Bienen keinen Zutritt haben. Der Raum sollte geruchsfrei und beheizbar sein, da der ausgekühlte Honig auf diese Weise wieder flüssiger wird und sich leichter aus den Waben schleudern läßt. Es ist selbstverständlich, daß im Honigraum nicht geraucht wird.

Abb. 75: Die Honigwabe wird mit Hilfe eines Gestelles schräg positioniert, die Wachsdeckelchen werden mit der Entdecklungsgabel entfernt. Abtropfender Honig landet im Auffanggefäß unter der Wabe.

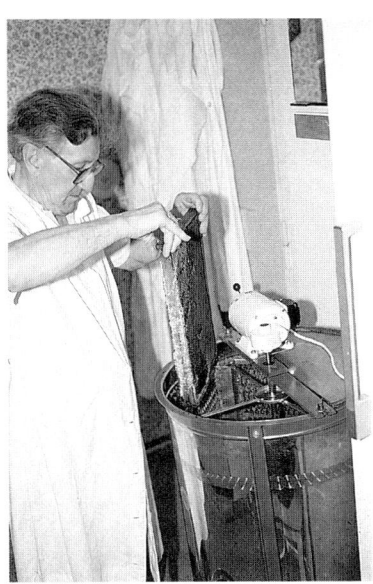

Entdeckeln

Um an die goldene Delikatesse zu gelangen, muß man zuerst das wächserne Deckelchen von den Honigzellen entfernen. Hierzu kann man entweder ein Entdecklungsmesser- oder eine Entdecklungsgabel verwenden (einen Entdecklungslöffel gibt es nicht). Das Messer wird in kochendem Wasser erhitzt, abgestreift und noch heiß unter den Wachsdeckeln durchgezogen. Im Fachhandel sind auch elektrische Entdecklungsmesser erhältlich. Sehr verbreitet ist die Entdecklungsgabel (Abbildung 75). Man fährt mit den Zinken unter die Wachsdeckel und hebt diese nach oben ab. Das klappt am Anfang meist noch nicht perfekt – aber Übung macht bekanntlich den Meister.

Schleudern

Der Honig ist nun frei zugänglich und wird mit Hilfe von Zentrifugalkraft aus den Waben geschleudert. Schleudern sind relativ teuer (ab circa 800 DM) und in den verschiedensten Größen und Ausführungen erhältlich (Abbildung 76). Wer nur wenige Völker besitzt, kann auf eine teuere motorisierte Schleuder verzichten. Für den Freizeitimker genügt ein handbetriebener 4-Waben-Schleuderkorb aus Edelstahl (circa 800 DM). Wie zu Großvaters Zeiten wird die Schleuder mit einer Handkurbel in Bewegung gesetzt. Der Wabenkorb ist quadratisch, so daß an jeder Seite eine Honigwabe eingelegt werden kann. Die Schleuder ist auf 4 Rähmchen ausgelegt (beim Kauf unbedingt Rähmchengröße angeben!), sie kann aber auch mit 8 Honigwaben bestückt werden, wenn mit Halbwaben geimkert wird, die für den Honigraum von Trogbeuten üblich sind. Zuerst schleudert man eine Seite der Honigwabe an, anschließend hält man die Schleuder kurz an, wendet die Honigwabe und schleudert diese Seite völlig aus, nach einem erneuten Seitenwechsel wird der Honig bis auf den letzten Tropfen herausgeschleudert. Dabei ist wichtig, daß das Oberteil des Rähmchens in Drehrichtung zeigt! Im Fachhandel sind sogenannte Selbstwendeschleudern erhältlich. Die Waben sind bei diesem Gerätetyp so gelagert, daß sie beim Anhalten der Schleuder automatisch wenden. Diese Raffinesse macht sich jedoch im Preis deutlich bemerkbar.

Während die meisten Honigarten problemlos aus den Waben geschleudert werden können, klebt so mancher Honig wie Beton in den Waben. Heidehonig weist beispielsweise eine sehr zähe, geleeartige Konsistenz auf, und Melezitosehonig enthält Dreifachzucker, die bereits ein Kandieren in den Zellen bewirken können. In manchen Fällen kann man durch Stippen Abhilfe schaffen. Gestippt wird mit einem bürstenähnlichen Gerät, dessen metallene, auf Federn gelagerte »Borsten« genau auf das Wabenmuster abgestimmt sind. Dieses Loslösegerät wird in die entdeckelten Honigzellen eingestochen. Beim Hochheben löst sich der Honig von den Zellwänden und ist dann leichter schleuderbar. Es handelt sich dabei jedoch um eine sehr aufwendige und mühsame Prozedur.

Sieben

An der Unterseite der Schleuder befindet sich ein Quetschhahn, mit dem man den abgeschleuderten Honig ablassen kann, der sich am Boden des Gerätes angesammelt hat. Der Honig tropft auf ein Doppelsieb, das sich auf einer Honigunterstellkanne befindet. Die Wachspartikel bleiben hängen, während der Honig durchfließt und sich im Eimer sammelt. Man darf das Sieb stets nur mit kaltem Wasser reinigen, durch warmes Wasser schmilzt das Wachs und verklebt die Poren des Siebes. Zwei Sätze dieser Honigsiebe sind empfehlenswert, da auf diese Weise ein Sieb gereinigt werden kann, während das andere in Betrieb ist. Man kann die leergeschleuderten Waben wieder ins Volk zurückgeben und einige als Reserve für Frühjahrs- oder Sommerarbeiten (Erweitern, Ablegerbildung) zurückhalten, die bienenunzugänglich aufbewahrt werden.

Honigpflege und Lagerung

Idealer Honig ist streichfähig, cremig oder flüssig. Blütenhonig kandiert schnell und verwandelt sich in eine steinharte Masse, die nur mit großer Mühe und verbogenem Löffel aus dem Honigtopf geholt werden kann. Man braucht etwas Fingerspitzengefühl, um der goldgelben Delikatesse die idealen Eigenschaften zu verleihen. Hierzu einige Tricks:

- Beim Schleudern und Sieben gelangen kleine Luftblasen in den Honig. Um sie zu entfernen, braucht man etwas Geduld. Wenn man den Honig circa 3 Tage ruhen läßt, steigen die Blasen an die Oberfläche und bilden eine feine Schaumschicht, die man mit einem Schaber abtragen kann.
- Durch Rühren kann man das Hartwerden des Honigs weitgehend unterbinden. Gerührter Honig bleibt auf Dauer cremig. Wer eine Bohrmaschine mit Rührstab besitzt, kann sich viel Handarbeit ersparen (Abbildung 77). Man darf den Rührstab während des Rührens jedoch nicht aus dem Eimer heben, da sonst erneut Luftblasen eingetragen werden. Das Kandieren des Honigs ist ein natürlicher Vorgang – ein Beweis, daß der Honig lebt. Die Schnelligkeit der Kandierung hängt vom Gehalt an Trauben- und Fruchtzucker ab. Da die Kristallisation an den Rändern und am Boden des Lagergefäßes beginnt und von dort aus den ganzen Honig erfaßt, sollte man zuerst an den Rändern rühren und sich dann langsam nach innen bewegen. Die zerschlagenen Kristalle werden auf diese Weise gleichmäßig in der gesamten Honigmasse verteilt.

Abb. 77: Eine Handbohrmaschine mit Rührstab erspart viel Arbeit.

- KARL WEISS verrät in seinem Buch »Der Wochenendimker« eine weitere Methode, um den Honig auf Dauer streichfähig zu halten (Impfmethode): »Ein feinkristallisierter Honig, meist Rapshonig, wird zerrieben und leicht erwärmt. Wenn man ihn im Verhältnis 1:10 gründlich unter den zu behandelnden Honig mischt, kommt eine feine Kristallisierung des gesamten Honigs zustande.«

- Gelagert wird der Honig in einem geruchlosen Honigeimer. Der Deckel des Behälters muß luftdicht abschließen, da der Honig sonst durch Gärungsprozesse verderben könnte. Im Fachhandel sind verschiedene Modelle erhältlich (Abbildung 78). Ungeeignet sind Eimer aus Eisenblech oder Zink, da unter dem Säureeinfluß des Honigs giftige Verbindungen oder Verfärbungen entstehen. Lebensmittelechte Plastikeimer sind leicht, handlich und durchsichtig, schließen aber nicht vollkommen luftdicht ab. Bei einer Luftfeuchtigkeit von über 60 Prozent ist der Honig in Plastikeimern auf Dauer nicht sicher. Wer völlig sichergehen möchte, sorgt mit Hilfe eines Luftentfeuchters dafür, daß die Feuchtigkeit im Lagerraum nicht über 60 Prozent steigt.

Neben einer möglichst trockenen Lagerung ist auch die Temperatur wichtig. Der Raum sollte eine Lagertemperatur von höchstens 14 C aufweisen. Kälte schadet dem Honig nicht, durch Minusgrade kann man sogar die Kristallisation verzögern (um beispielsweise Blütenhonig flüssig zu halten).

Abfüllen in kleinere Gefäße

Damit der Honig für den Verkauf in kleinere Pfundgläser umgefüllt werden kann, muß er nochmals erwärmt werden. Während Honig gegen Kälte unempfindlich ist, schadet Überhitzung in hohem Maße. Biologisch aktive Inhaltsstoffe werden zerstört, und die »Struktur« des Honigs verändert sich. Flüssiger Honig aus dem Supermarkt ist mit Vorsicht zu genießen. Er steht oft wochenlang im Neonlicht und muß keine Herkunftsbezeichnung aufweisen. Phantasienamen wie »Imkerhonig« sollen den Umsatz steigern – doch welcher Imker kann schon Honig machen?

Man darf den Honig auf höchstens 40 C erwärmen. Wer sich keinen Thermoabfülltopf oder Honigtauchwärmer leisten will, kann einen einfachen Einkochtopf mit Thermostat benutzen. KARL WEISS empfiehlt eine besonders einfache Methode für den Freizeitimker: Man nimmt einen großen Kochtopf, legt den Boden mit einem Bodenrost aus Metall aus und stellt das Honiggefäß darauf. Als Heizung dient ein 100-Watt-Aquarienheizstab, der auf 40 C Wassertemperatur eingestellt werden kann. Nach 8 Stunden ist der Honig sämig, nach 24 Stunden flüssig und abfüllbereit.

Abb. 78: Im Fachhandel sind verschiedene Honiglagergefäße erhältlich. Der Deckel sollte luftdicht abschließen, damit der Honig nicht zu gären beginnt.

Pollen

Gewinnung

Jährlich sammeln die Bienen eines Stocks bis zu 50 Kilo Pollen. Man kann dem Volk circa 180 Gramm wegnehmen, ohne daß es Schaden nimmt. Zu diesem Zweck befestigt man eine Pollensammelfalle stabil vor dem Flugloch (Abbildung 79). Man sollte die Falle nur zur Haupttrachtzeit (Löwenzahn, Raps) aufstellen, wenn das Pollenangebot groß ist. Ein Gitter mit Löchern (Pollenkamm) behindert nun den Zugang ins Stockinnere. Wenn die mit Pollenpaketen beladenen Arbeiterinnen in den Stock gelangen möchten, müssen sie sich durch die Löcher des Gitters quetschen. Dabei bleiben die größeren Pollenpakete hängen, werden abgestreift und fallen in eine Auffangvorrichtung. Da die dicken Drohnen nicht durch das Gitter passen, muß man ihnen einen besonderen Ausgang zur Verfügung stellen. Zu diesem Zweck befindet sich seitlich am Pollengitter ein verhältnismäßig großes rundes Abflugloch. Während es die heimkommenden Arbeiterinnen kaum wahrnehmen, krabbelt ein »ausgehfreudiger« Drohn so lange am Gitter entlang, bis er den Spezialausgang für Dickleibige entdeckt hat.

Abb. 79: Die Pollensammelfalle wird vor dem Flugloch angebracht. Eine pollenbeladene Arbeiterin muß eine gelochte Absperrung passieren, bevor sie in den Stock gelangt. Die größeren Pollenpakete fallen dabei ab.

Verarbeitung und Lagerung

Während feuchter Pollen schnell schimmelt, ist er in getrockneter Form mehrere Jahre haltbar; biologisch wertvoll bleibt er jedoch nur wenige Monate. Damit die Inhaltsstoffe nicht sofort zerstört werden, muß der Feuchtigkeitsentzug schonend erfolgen. Man darf Pollen nicht der prallen Sonne oder der Ofenhitze aussetzen. Geeignet sind Geräte zum Trocknen von Obst, wie sie im Haushalt verwendet werden, oder man braucht einige Tage Geduld: den Pollen bei Zimmertemperatur im Sandwichverfahren zwischen zwei Lagen saugfähiges Papier legen und ab und zu mischen. Die Mischung kann gelagert werden, sobald sie so hart geworden ist, daß man sie mit dem Finger nicht mehr zerdrücken kann. Die bunten Kügelchen werden in luftdichte Gläser verpackt und in einem dunklen, kühlen Raum gelagert.

Weiselfuttersaft

Zur Gewinnung sind Techniken aus der Königinnenzucht erforderlich. Diese Verfahren wurden in diesem Buch ausgeklammert, da hierfür spezielle Kenntnisse nötig sind, mit denen sich der Freizeitimker kaum befassen wird.

Propolis (Kittharz)

Kittharz ist bei Imkern im Grunde sehr unbeliebt: es klebt und ist überall, wo es nicht sein soll – an Händen, Kleidung oder Gerätschaften. Da in den letzten Jahren Propolis als Heilmittel wiederentdeckt wurde, ist die Nachfrage gestiegen. Eine ergiebige zusätzliche Einkommensquelle ist jedoch nicht in Sicht, da der Imker nur feste Rohpropolis oder Propolislack (Holzschutzmittel) verkaufen darf, während er für Propolislösungen zu medizinischem Anwendungen eine zusätzliche Genehmigung braucht.

Wer Propolis für den Eigenbedarf ernten will, kann das Kittharz einfach von den Rähmchen kratzen. Kittharz ohne Verunreinigungen gewinnt man nach der folgenden Methode: Bienen dichten jede Ritze nach außen mit Kittharz ab, um sich vor Kälte, Zugluft und Krankheitserregern zu schützen. Aus diesem Grund legt man ein grobmaschiges (Maschenweite circa 3 x 3 Millimeter), flexibles Kunststoffgitter oben auf die Wabengassen auf. Die Bienen werden nun sofort versuchen, die Löcher im Gitter zu stopfen. Nach wenigen Tagen ist oberhalb der Wabengassen genügend Propolis eingelagert. Jetzt kann das Gitter abgenommen und in die Gefriertruhe gelegt werden, wo das Kittharz brüchig wird. Beim Auf- und Abrollen des Kunststoffnetzes fällt schließlich reine Propolis aus den Maschen (Abbildung 80).

Abb. 80: Die Bienen haben versucht, die Löcher des Gitters mit Propolis zu kitten. Auf diese Weise kann sehr reines Kittharz gewonnen werden.

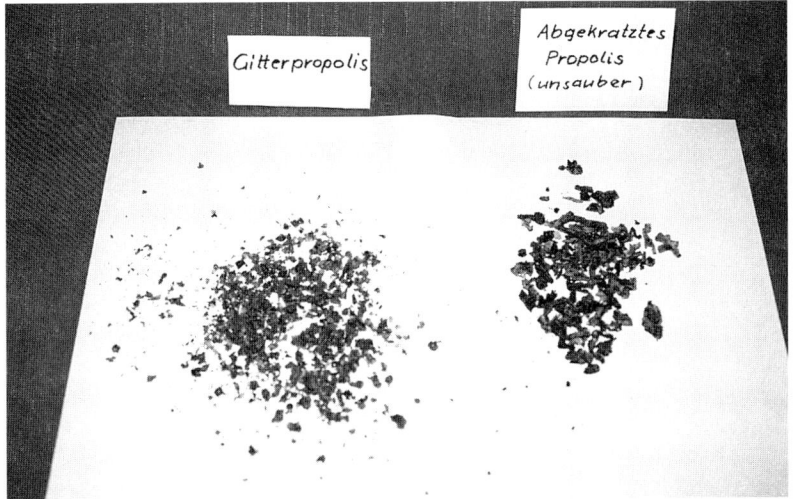

Wachs

Der gesamte Wabenbau besteht aus Wachs, das von den Bienen in speziellen Hinterleibsdrüsen »ausgeschwitzt« wird und als feine Wachsplättchen zwischen den Hinterleibssegmenten zutage tritt. Diese hauchzarten Plättchen werden mit den Beinen abgenommen, geknetet und schließlich mit den Mundwerkzeugen irgendwo nach Bauplan festgeklebt. Die gesamte Bienenwohnung ist mit Wachs eingerichtet. Die Bienenkinder schlüpfen aus wächsernen Wiegen, und die Köstlichkeiten in der Speisekammer sind in Wachs verpackt.

Frisches Wachs ist weiß. Je länger es jedoch in Gebrauch ist, desto stärker ist es verunreinigt, ein alter Wabenbau kann schließlich völlig schwarz sein. Viele Bienengenerationen entschlüpfen der Brutzelle und hinterlassen ein kleines, sorgsam verpacktes Klümpchen, den Larvenkot. Diese Überreste und die ebenfalls zurückgelassenen Nymphenhäutchen (Puppenhülle der Jungbiene) sind dafür verantwortlich, daß die einzelnen Brutzellen immer dunkler und kleiner werden. Nach einigen Generationen können nur noch kleine Bienen in diesen Zellen heranwachsen. Sowohl aus diesem Grund als auch aus wabenhygienischen Gründen muß man von Zeit zu Zeit die alten Waben entfernen. Nosema-Sporen, Zysten der Amöben und andere Krankheitserreger »verstecken« sich im Wabenwerk und stellen ein allgegenwärtiges Gesundheitsrisiko dar, dem vorgebeugt werden muß.

Vorratshaltung von Leerwaben

Der Bienenvater muß stets eine bestimmte Reserve an Leerwaben anlegen. Leerwaben werden für die verschiedensten Arbeiten im Laufe eines Bienenjahres benötigt (Erweitern im Frühsommer, Ablegerbildung zur Schwarmzeit, leere Dickwaben im Austausch gegen volle Honigwaben).

Desinfektion

Spätestens bevor die gehorteten Leerwaben wieder in die Völker zurückgegeben werden, muß sie der Imker mit 60prozentiger technischer Essigsäure desinfizieren:
Hierzu stellt man eine flache Glas- oder Porzellanschale in einem geschlossenen Raum auf das Wabenmaterial (je Liter Raum 2 Milliliter 60prozentige Essigsäure verwenden). Konzentrierte Essigsäure ist an der Luft flüchtig, verdampft und sinkt langsam zu Boden. Zur Beschleunigung des Verdampfungsprozesses wird

Filterpapier oder Watte in die Schale gelegt. Diesen ätzenden Dämpfen sind die Nosema-Sporen nicht gewachsen. Bei der Anwendung muß man einige Vorsicht walten lassen und die Haut nach einer Berührung mit der Säure sofort abspülen!

In der Regel kommen Krankheiten durch die Verwendung alter Leerwaben nicht wieder zum Ausbruch – eine Ausnahme stellt jedoch die bösartige Faulbrut dar. Die Faulbrutsporen sind derartig widerstandsfähig gegen jegliche Art von chemischer Behandlung, daß aus einem infizierten Stock sämtliche Waben entfernt und eingeschmolzen werden müssen. Eine sichere Desinfektion des Wachses ist am einfachsten über den Gerätehandel möglich. Die infizierten Waben werden hierzu luftdicht in einen Plastiksack verpackt und mit der Bezeichnung »Faulbrutwarnung« versehen. Anders ist dieser Seuche nicht beizukommen.

Lagerung

Die Waben werden in einem trockenen geschlossenen Raum, am besten in einem Wabenschrank, aufbewahrt (Abbildung 81). Wer keinen passenden Schrank zur Verfügung hat, stellt die überflüssigen leeren Honigraumaufsätze seiner Beuten übereinander und hängt die Leerwaben darin ein. Da beim Kauf

Abb. 81: Leerwaben im Wabenschrank.

einer Trogbeute zwei Honigraumaufsätze mitgeliefert werden, kann der eine im Volk benutzt werden und der andere als Wabenbehälter fungieren. Zwei übereinandergestapelte halbhohe Honigräume fassen auch die doppelt so hohen Waben aus dem Brutraum.

Der Wabenraum darf im Sommer nicht zu heiß werden, da sich sonst schnell das sechseckige Wabenmuster in einen formlosen Klumpen verwandelt. Daneben hat der duftende Wabenbau noch andere, äußerst gefräßige Feinde – die kleine und die große Wachsmotte. Der unscheinbar graubraune Kleinschmetterling ist zwischen Juni und Oktober in der Nähe von Bienenvölkern zu finden. Er stiehlt sich nachts durch das Flugloch, um seine Eipakete abzulegen. Nach kurzer Zeit schlüpfen die winzigen Raupen. Als Rankmaden ernähren sie sich von Wachs und Pollenresten.

Ein gesundes Bienenvolk fackelt nicht lange mit den gefräßigen Untermietern und setzt die kleinen Schmetterlingsraupen vor die Tür. Anders sieht es mit den Vorratswaben im Wabenschrank aus: schutzlos werden die Waben Opfer der Rankmaden, sofern nicht der Imker ein wachsames Auge auf seine Vorräte hat (Abbildung 82). Wer dem Vernichtungsfeldzug Einhalt gebieten will, muß schnell etwas unternehmen. Am tierfreundlichsten ist es, den Wabenvorrat mit einem dünnmaschigen Netz zu schützen, damit die Wachsmotte nicht zu den Waben vordringen und ihre Eier ablegen kann. Wenn die Vorratswaben in einem Turm aus Honigraumaufsätzen aufbewahrt werden, stellt man die Stapel auf eine 5 Zentimeter hohe Leiste und dichtet nach unten und oben mit einem feinmaschigen Gitter ab. Auf diese Weise erhält der Stapel die nötige Zugluft und ist gleichzeitig mottendicht. Leerwaben, die bereits in den Völkern mit Motteneiern versehen wurden, müssen mit Chemikalien behandelt werden.

Abb. 82: Rankmade auf einer Wachswabe.
Von der Rankmade zerstörte Waben. Typisches Kennzeichen des Befalls ist ein weißliches Gespinst.

Rankmaden können mit 60prozentiger technischer Essigsäure bekämpft werden. Um die Wirksamkeit zu steigern, wiederholt man die Prozedur nach 3 Wochen. Man stellt die Waben kurz an die frische Luft, bevor sie in das Volk zurückgebracht werden. Der dünne Essigsäurefilm auf den Waben ist zwar unschädlich für die Bienen, man sollte die Völker aber dennoch nicht dem »Essigmief« aussetzen.

Auch Schwefel hat sich im Kampf gegen Wachs- und Pollenvertilger bewährt. Brennbare Schwefelstreifen sind im Imkergerätehandel erhältlich. Wegen der großen Brandgefahr (es ist schon manchem Imker das Haus abgebrannt!) werden die rauchenden Schwefelstreifen in einem Wabenschwefler (abgesicherte Blechdose) plaziert und oben auf dem Turm von Leerwaben abgestellt. Da der Rauch schwerer als Luft ist, fällt er langsam zu Boden. Die Schwefeldämpfe verbinden sich mit der Feuchtigkeit auf den Waben zu schwefliger Säure, die die Raupen angreift, für die Bienen jedoch in diesen Konzentrationen nicht schädlich ist. Der Imker sollte die Schwefeldämpfe nicht einatmen und daher während des Abbrennens den Raum verlassen und ihn anschließend gut lüften. Da die Eier der Wachsmotten durch die Schwefelbehandlung nicht angegriffen werden, muß die Prozedur nach ungefähr 2 bis 3 Wochen wiederholt werden. Aus den Eiern sind inzwischen Raupen geschlüpft, die bekämpft werden können.

Rankmaden können darüber hinaus auch mit Flüssigschwefel bekämpft werden. Er wird in Sprühflaschen im Fachhandel angeboten. Die Anwendung ist einfach, man muß nicht zündeln und damit einen Brand riskieren.

Vorratshaltung von Futterwaben

Es ist immer vorteilhaft, einen Vorrat an Pollen- und Honigwaben zu besitzen. Pollenwaben leisten gute Dienste im zeitigen Frühjahr, wenn die Brutzeit bereits begonnen hat, aber das natürliche Pollenangebot immer noch sehr begrenzt ist oder das Volk wegen anhaltend schlechter Witterung nicht aus dem Stock kommt. Pollenwaben helfen als Futterwaben den Ablegervölkchen über die erste vorratslose Zeit hinweg. Pollen- und Honigwaben werden im Wabenschrank aufbewahrt, um sie zu gegebener Zeit zur Hand zu haben – sofern bis dahin nicht der Pollenschimmel einen Strich durch die Rechnung gemacht hat.

Begünstigt durch eine hohe Luftfeuchtigkeit, wuchern die Pilzfäden über und durch die Pollenmasse hindurch, bis die Waben mit einem »Pelzchen« bekleidet sind (Abbildung 83). Wenn der Imker nicht rechtzeitig etwas dagegen unternimmt, beginnt der Pollen in den Waben zu leben. Kleine Pollenmilben wimmeln über den Vorräten und fressen die Waben leer.

Da das Auftreten von Pollenmilben und Pollenschimmel durch eine hohe Luft-
feuchtigkeit begünstigt wird, empfiehlt es sich, die Waben in einem trockenen
Raum zu lagern. Zur Bekämpfung der Schädlinge können Essigsäure und
Schwefel eingesetzt werden. Wer gegen die Raupen der Wachsmotte mit diesen
Chemikalien vorgeht, ist weitgehend auch vor diesen Pollenparasiten gefeit.

Einschmelzen der Waben

Größere Imkereien verwerten ihr Wachs wieder. Der Rohstoff Wachs wird eingeschmolzen, und die Mittelwände werden selbst gegossen und geprägt. Damit
entfallen die Anschaffungskosten für die vielen jährlich benötigten Mittelwände. Es ist fraglich, ob sich der Aufwand und die Kosten für die benötigten Geräte für den Freizeitimker lohnen. Die Anschaffungskosten für Wachsschmelz-
geräte und Mittelwandpresse rentieren sich erst ab etwa 25 Völkern.
Manche Imkervereine verleihen Gerätschaften oder bieten einen speziellen
»Wabenservice« an. Hierbei wird das aus den Rähmchen geschnittene Altwa-
benwerk an Firmen weitergereicht, die das Wachs auslassen und Mittelwände
herstellen. Der Auftraggeber muß lediglich ein kleines Entgelt bezahlen und bekommt dafür neue Mittelwände ohne viel Aufwand. Wer keinem Imkerverein
angehört, kann die Anschriften der entsprechenden »Mittelwandfabriken« den
Imkermagazinen entnehmen.

Sonnenwachsschmelzer

Wer Wachs für seine Arbeiten benötigt, kann zwischen verschiedenen Wachs-schmelzern wählen. Der Sonnenwachsschmelzer arbeitet nach einem sehr ein-fachen und umweltfreundlichen Prinzip. Es handelt sich um einen Holz- oder Metallkasten mit einer doppelwandigen Glasabdeckung und einer dunklen (Schiefer-)Bodenplatte (Abbildung 84). Die Waben werden entlang der Drähte mit einem angewärmten scharfen Messer ausgeschnitten, und zwar so, daß die Verdrahtung möglichst erhalten bleibt (erspart viel Arbeit!). Damit das Wachs aus den Waben abfließen kann, werden die Wabenstücke, mit dem Rücken nach oben, nebeneinander in den Wachsschmelzer gelegt.

Bei Sonneneinstrahlung erwärmt sich der Behälter, das Wachs schmilzt und läuft ab. Am tiefsten Punkt des Sonnenwachsschmelzers befindet sich ein klei-ner Wasserbehälter, in den das flüssig gewordene Wachs tropft und abkühlt. Es entstehen ähnliche Formationen wie beim Zinngießen an Silvester. Die Ausbeu-te hängt in hohem Maße vom Alter der Waben ab. Je mehr Nymphenhäutchen in den Waben eingelagert wurden, desto geringer ist die Wachsausbeute, da sich die Ablagerungen während des Schmelzvorganges mit Wachs vollsaugen. Man kann diesen Effekt teilweise verringern, wenn man die Waben vor dem Einschmelzen in Wasser einweicht.

Abb 84a: Waben im Sonnenwachs-schmelzer. Die Waben werden aus den Rähmchen geschnitten und mit dem Rücken nach oben aneinandergereiht.

Abb. 84b: Dampfwachs-schmelzer.

Dampfwachsschmelzer

Der Dampfwachsschmelzer ist die gängigste Variante eines Feuchtwachsschmelzers. Da er mit Strom, Gas, Holz oder Kohle betrieben wird und somit von der Sonne unabhängig ist, kann das Wachsschmelzen in die kalte Jahreszeit verlagert werden. Das hat den Vorteil, daß keine Insekten durch den Wachsduft angelockt werden und bei der Arbeit stören. Man kann die Arbeiten zwar auch im Haus durchführen, dies ist aber wegen der später anfallenden Reinigungsarbeiten nicht zu empfehlen.

Die Waben werden aus den Rähmchen geschnitten und in den Korb des Schmelzers gelegt. Heißer Wasserdampf steigt von unten auf und löst das Wachs aus den Waben. Von oben wird das Wabenmaterial zusätzlich von einer Presse zusammengedrückt. Das Wachs tropft durch den Korb in das siedende Wasser. Aus dem Quetschhahn am unteren Ende des Schmelzers sprudelt zuerst heißes Wasser und anschließend das bräunlichgelbe, flüssige Wachs. Es wird in einem konischen Topf aufgefangen und langsam abgekühlt (je langsamer die Abkühlung erfolgt, desto sauberer ist der Wachsblock). Die Schwebeteilchen im Wachs können sich absetzen und als Bodenschicht vom fest gewordenen Wachsblock abgekratzt werden.

Zur Aufhellung kann man dem flüssigen Wachs einige (wirklich nur einige!) Tropfen konzentrierte Schwefelsäure zusetzen (Vorsicht, das Wachs wallt dabei auf!). Beim Arbeiten mit Säure sollte man stets eine Schutzbrille und Handschuhe tragen! Um den Schwefelgeruch zu beseitigen, muß der behandelte Wachsblock anschließend zweimal in heißem Wasser eingeschmolzen werden. Die Restsäure geht dabei in das Wasser über.

Steuer und Versicherung

Der Liebhaberimker ist vor einem Zugriff des Finanzamtes sicher. Apropos sicher, wer sich gegen Diebstahl (von Beuten der Wanderimker), Einbruch (ins Bienenhaus), Frevel, Feuer oder Windschäden versichern will, kann das über jeden dem Deutschen Imkerbund unterstellten Imkerverein tun. Mit der Beitragszahlung wird gleichzeitig die Versicherung finanziert. Das ist in jedem Fall günstiger, als privat eine eigene Versicherung abzuschließen. In den Imkerkalendern des Landesverbandes Bayerischer Imker kann man nachlesen, welche Konditionen und Leistungen diese Imkerversicherung einschließt.

Kleines Bienenlexikon
(kursiv gedruckte Wörter werden als eigenständige Begriffe aufgeführt)

Abkehren: Methode zur Vereinigung von Völkern. Ein weiselloses Volk wird vor dem Bienenstand von ihren Waben auf den Boden *abgestoßen* und damit aus ihrer Beute entfernt. Die Obdachlosen müssen sich bei Fremdvölkern einbetteln.

Ableger: Minivölkchen, das seinem Stammvolk entnommen wurde. Die Ablegerbildung dient zum einen der Schwarmverhinderung und zum anderen der Völkervermehrung. Als *Schwarmverhinderungsmaßnahmen* gelten unter anderem *Altköniginnenableger* und *Brutableger*.

Ablegerkasten: Wohnung eines Ablegervolkes, ist meist kleiner als eine normale Beute (Bienenwohnung).

Abschwefeln: Bienentötungsmethode durch Schwefeldämpfe.

Abstoßen: Gleichbedeutend mit Bienen von den Waben schlagen. Dazu Rähmchen mit besetzten Waben mit einer Hand festhalten und mit der anderen Hand auf den Handrücken schlagen. Durch den Schlag fallen die Bienen von den Waben herunter.

Afterweisel oder *Drohnenmütterchen*: Arbeiterin, die bei Fehlen einer Königin ihre Geschlechtsorgane sekundär ausgebildet hat. Ein Afterweisel kann unbefruchtete Eier legen, aus denen kleine Drohnen schlüpfen.

Akariose: Durch die *Tracheenmilbe* ausgelöste Bienenkrankheit.

Altköniginnenableger: *Schwarmverhinderungsmaßnahme*, durch Entnahme der Altkönigin und genügend Bienen soll das Volk am Ausschwärmen gehindert werden.

Amöbenruhr: Krankheit des Bienendarms, die durch den Einzeller Malpighamöba melleficae Prell verurssacht wird.

Apifonda: Industriell hergestellter *Futterteig*.

Bannwabe: *Brutwabe* mit möglichst junger Brut. Wird unter anderem zur biologischen Bekämpfung der *Varroatose* eingesetzt.

Befruchtung: Erbanlagen von *Pollen* und Samenanlage verschmelzen.

Begattungsflug: Die unbegattete Jungkönigin verläßt eines Morgens im Mai/Juni ihr Volk und wartet auf Drohnen, mit denen sie sich hoch in der Luft paart.

Bestäubung: *Pollen* wird auf den Stempel der Blüte übertragen.

Bestiften: Eiablage durch die Bienenkönigin.

Beute: Vom Menschen geschaffene Bienenwohnung.

Blütenstetigkeit: Sehr wichtige Eigenschaft der Honigbiene. Die Sammlerin fliegt immer nur eine Blütenart an, sie bleibt ihr »treu«, bis diese Art vollständig abgeblüht ist. Die Blüte hat damit die Sicherheit, von einem artgleichen Pollen erfolgreich bestäubt und befruchtet zu werden.

Bösartige Faulbrut: (Beim Veterinäramt) anzeigepflichtige, ansteckende Krankheit der Bienenbrut. Diagnose über Zündholzprobe und Mikroskop.

Brutableger: Maßnahmen zur Völkervermehrung und *Schwarmverhinderung*. Durch Entnahme von Brutwaben und einiger Bienen schrumpft das schwarmfreudige Volk zusammen. Alle Schwarmzellen im Stammvolk werden zerstört. Das Volk widmet sich verstärkt der Nachzucht und »vergißt« darüber seine Schwarmbereitschaft.

Brutzelle: Wiege der Bienenkinder. Die Brutzellen der Arbeiterinnen und Drohnen haben eine sechseckige Form (Drohnenbrutzellen sind etwas größer). Die Brutzelle der Königin *(Weiselzelle)* ist wesentlich voluminöser und hat die Form einer nach unten geöffneten Glocke.

Buckelbrut: Brut von *Afterweiseln* oder *Drohnenmütterchen*. Tritt bei *Weisellosigkeit* auf. Arbeitsbienen können bei Fehlen des *Weiselstoffes* nach mehreren Wochen Eier legen, aus denen sich kleine Drohnen entwickeln *(Drohnenmütterchen)*.

Carnica-Biene: Bienenrasse, in Deutschland weit verbreitet.

Chitinpanzer: Insektenpanzer aus hornähnlicher Substanz.

Dampfwachsschmelzer: Gerät zum Einschmelzen von altem Wabenwerk. Wird mit Gas, Holz, Strom oder Öl beheizt.

Dickwaben: Die Waben sind tiefer als normale Waben des Brutraums, womit ein Bebrüten durch die Königin größtenteils vermieden wird. Dickwaben werden hauptsächlich für den Honigraum von Trogbeuten und neuerdings auch für Magazine eingesetzt.

Drohn oder Drohne: Männliches Mitglied der Bienenfamilie, nur im Sommer im Volk zu finden. Drohnen sind stachellos und müssen von den Arbeiterinnen gefüttert werden.

Drohnenmütterchen: Siehe *Afterweisel*.

Drohnenschlacht: Im August, nachdem die Begattungsflugzeit der Jungköniginnen vorüber ist, sind die Drohnen überflüssig geworden. Sie werden von den Arbeiterinnen nicht mehr geduldet und verhungern vor dem Stock.

Einwinterung: Maßnahmen, um das Volk gut durch den Winter zu bringen (Füttern mit Zuckerlösung, Einengen der Fluglöcher).

Facettenauge: Insektenauge, das aus vielen tausend Einzelaugen zusammengesetzt ist.

Futterteig, auch Zuckerteig: Ein aus Puderzucker und eventuell Honig hergestellter fester Teig, der den Bienen in kargen Zeiten als Kohlenhydratquelle dienen kann. Wird portionsweise in kleinen Plastiksäckchen oder Futtertaschen bereitgehalten.

Futterwabe: Honig- oder Pollenwabe.

Gelée royale: *Weiselfuttersaft.*

Gemüll: »Abfälle«, die sich vor allem während der kalten Jahreszeit am Boden der Beute ansammeln.

Grüner Gewährstreifen: Honig-Qualitätsgarantie des Deutschen Imkerbundes.

Höselhaus: Ungefähr vogelhausgroßer Kasten aus Holz oder Plexiglas mit Einflugschlitzen. Im Inneren des Höselhauses befindet sich auf Eierkartons ein *Pollenersatzstoff* (z. B. Fukopoll). Die Notfütterung mit Pollenersatzstoffen ist hauptsächlich während eines kalten, feuchten Frühjahrs notwendig, da unter diesen Bedingungen die Natur nicht rechtzeitig Pollen in ausreichender Menge für die Aufzucht der Frühjahrsbrut liefern kann.

Honigtau: »Zuckerwasserperlen«, die von Lachniden und Lecanien abgesetzt werden. Die Bienen lecken diese süßen Ausscheidungen der Läuse auf und erzeugen daraus Waldhonig.

Honigwabe: Wabe aus dem Honigraum der Beute. Bei Trogbeuten sind Honigwaben *Dickwaben* in halbhohen Rähmchen.

Kalkbrut: Pilzerkrankung der Bienenbrut.

Königinnensubstanz: *Weiselstoff.* Ein von den Kieferdrüsen der Königin erzeugter Duftstoff mit hormonähnlicher Wirkung. Wird in kleinen Mengen von der Königin an ihren Hofstaat weitergegeben und dann an alle Bienen im Stock weitergereicht. Prägt den für jedes Volk typischen *Stockgeruch.* Die Königinnensubstanz hat große Wirkung auf die übrigen Bienen. Sie unterdrückt die Entwicklung der Fruchtbarkeit der Arbeitsbienen, hemmt den Ausbau von *Weisel-*

zellen, gibt dem Volk seine Identität und vermittelt die beruhigende Anwesenheit einer Königin im Stock.

Komplexauge: Siehe Facettenauge.

Kunstschwarm: Imkerliche Methode zur Völkervermehrung oder zur Behandlung von Krankheiten (z. B. der bösartigen Faulbrut).

Lachniden: Rinden- oder Blattläuse, die »Honigtau« erzeugen.

Lecanien: Schildlausarten, die »Honigtau« erzeugen.

Leerwaben: Rähmchen mit ausgebauten Waben. Können außerhalb des Stockes aufbewahrt und zu gegebener Zeit dem Volk wieder zurückgegeben werden (z. B. Erweiterung im Frühjahr).

Mausschutzgitter: Winterschutz, der im Herbst vor dem Einflugloch angebracht wird und verhindern soll, daß Mäuse oder Vögel den Bienen in der kalten Jahreszeit gefährlich werden.

Mehlprobe: Einfache Methode, um herauszufinden, zu welchem Stammvolk ein Schwarm gehört.

Nachschaffungszelle: *Weiselzelle*, die aus einer Arbeiterinnenzelle entstanden ist. Ist meist mitten auf der Wabe lokalisiert. Mit Hilfe von Nachschaffungszellen zieht ein plötzlich weisellos gewordenes Volk eine neue Königin aus Arbeiterinnenbrut nach.

Nachschwarm: Nach dem Auszug des Vorschwarmes (Schwarm mit Altkönigin) kann es zur Bildung weiterer Schwärme aus demselben Volk kommen. Der Nachschwarm kann von mehreren unbegatteten Jungköniginnen begleitet sein. Vorsicht, ein Nachschwarm ist stechlustig!

Nektar: Zuckerhaltiger, flüssiger Saft aus besonderen Drüsen der Blüte (Nektarien). Ausgangsprodukt für den Blütenhonig.

Neubeweiselung: Ein Volk bekommt einen neuen *Weisel* beziehungsweise eine neue Königin.

Nosema (Frühjahrsschwindsucht): Durch Einzeller verursachte Bienenkrankheit, die verstärkt im Frühjahr auftritt, verursacht Durchfall.

Notfütterung: Vor allem im Frühjahr können zuwenig Vorräte vorhanden sein, um rechtzeitig eine gesunde Brut aufzuziehen. In diesem Fall sollte der Imker füttern. Notgefüttert wird hauptsächlich mit *Futterteig* oder *Pollenersatzstoffen* in einem *Höselhaus*.

Nymphenhäutchen: Zurückbleibende Puppenhülle nach Schlupf der Jungbiene.

Ocellen: Stirnaugen der Biene, die eventuell für die Justierung der »inneren Uhr« zuständig sind.

Opalithplättchen: Bunte numerierte Plättchen, die auf dem Brustpanzer der Königin aufgeklebt werden (*Zeichnen* der Königin).

Pheromone: Hormonähnliche Duftstoffe, die einen steuernden Einfluß auf die Funktion von Organismen haben.

Pollen: Staubartige männliche Keimzellen der Blüte. Werden in den sogenannten Staubbeuteln gelagert.

Pollenersatzstoff: Wird im Frühjahr im Höselhaus angeboten, damit sich das Volk für die Versorgung der Brut ausreichend mit Eiweiß eindecken kann.

Pollenmilbe: Kleine, kugelförmige Milbe, die sich vom Pollen in Futterwaben ernährt.

Pollenschimmel: Pilz, der Pollenwaben befallen und unbrauchbar machen kann.

Propolis: Kittharz der Bienen.

Rähmchen: Meist aus Holz, bilden zusammen mit den Mittelwänden das Fundament für den Wabenbau der Bienen.

Räuberei: Besonders in trachtlosen Zeiten kommen Bienen in Versuchung, bei schwächeren Völkern »einzubrechen« und deren Vorräte zu stehlen. Räuberei wird meist durch Unvorsichtigkeit des Imkers ausgelöst.

Rankmade: Larvenform der Wachsmotte.

Reinigungsflug: Erster Ausflug im Frühjahr, sobald das Thermometer über 9 C klettert. Die Bienen entleeren außerhalb des Stockes ihre Kotblase.

Rundtanz: Element aus der Bienentanzsprache. Zeigt eine Futterquelle im Bereich von circa 50 bis 110 Metern rund um den Stock an.

Saftmal: Meist nur für Bienen sichtbares Zeichen auf Blüten. Signalisiert die Lage der Nektarien (nektarproduzierende Düsen) innerhalb der Blüte.

Schröpfen: *Schwarmverhinderungsmaßnahme*, durch Entnahme von Brutwaben ohne aufsitzende Bienen wird die Nachzucht vorläufig unterbrochen. Die Brutwaben werden anderen Völkern als Verstärkung zugeführt.

Schwänzeltanz: Richtungs- und Entfernungstanz der Biene. Ein sehr abstraktes Mittel der Bienenkommunikation. Die Kundschafterin teilt ihren Schwestern durch den Schwänzeltanz mit, wo sie nach einer Futterquelle suchen müssen.

Schwarmtraube: Beim Schwärmen ausgezogenes Volk sammelt sich um seine Königin und bildet die sogenannte Schwarmtraube.

Schwarmverhinderungsmaßnahme: Imkerliche Methode, um den Auszug eines Bienenschwarms zu verhindern.

Schwarmzelle: *Weiselzelle*, die zur Schwarmzeit angelegt wird. Ist oft am Rand der Rähmchen zu finden. Aus dieser besonderen Weiselzelle schlüpft die Nachfolgerin der ausschwärmenden Altkönigin.

Septikämie: Blutkrankheit der Bienen, tritt meist zusammen mit anderen schwerwiegenden Erkrankungen auf.

Siebkasten: Kasten mit einem Königinnenabsperrgitter vor der Öffnung. Wird vor allem zur *Weiselprobe* und zum Absieben der Drohnen verwendet.

Sonnenwachsschmelzer: Gerät zum Einschmelzen von altem Wabenwerk. Wird durch Sonnenkraft beheizt.

Spurbiene: Kundschafterin eines Bienenschwarmes, die eine neue Wohnung für das ausgezogene Volk sucht.

Sterzeln: Zwischen der 9. und 10. Rückenschuppe der Biene befinden sich Duftdrüsen (Nassanoffsche Drüsen). Sterzelnde Bienen stehen mit erhobenem Hinterleib am Flugloch und fächeln mit den Flügeln den Ankömmlingen ihren Duft entgegen. Der Geruch dieser Drüsen soll eine Orientierungshilfe sein und vor allem den jungen, unerfahrenen Bienen den Weg nach Hause weisen.

Stilles Umweiseln: Besondere Form der *Umweiselung*. Eine Königin wird kampflos durch eine andere ersetzt. Natürlicher Vorgang, der ohne den Eingriff des Imkers erfolgt.

Stockgeruch: Für jeden Stock typischer Geruch, entsteht durch den *Weiselstoff* der Königin.

Stockkarte: Karte oder Blatt Papier, auf dem alle imkerlichen Arbeiten pro Stock im Laufe eines Jahres eingetragen werden.

Stockmutter: Königin.

Stockwindel: Wasserfeste Unterlage in der Beute. Erleichtert die Analyse des Gemülls.

Stülper: Bienenkorb.

Tracheenmilbe: Kleine Milbe, die sich in den Tracheen (Atmungssystem) der Biene vermehrt und dort schmarotzt. Verursacht die Bienenkrankheit *Akariose*.

Tracht: Angebot an Nektar oder Pollen, abhängig von der Jahreszeit, z. B. Rapstracht, Löwenzahntracht, Obstblütentracht.

Tüten und Quaken: »Wechselgesang« zwischen Altkönigin auf den Waben und Thronfolgerinnen in ihren Wiegen kurz vor dem Abschwärmen der Altkönigin.

Umweiselung: Ersetzen einer Königin durch eine andere, wenn die Königin alt ist oder »schlechte« Eigenschaften an ihre Kinder weitergibt.

Varroa-Milbe: In den 80er Jahren in Deutschland eingeschleppter Bienenschmarotzer. Saugt das »Blut« erwachsener Bienen und der Brut und kann sich nur in *Brutzellen* vermehren. Ohne regelmäßige Kontrolle und Behandlung kann das Volk an den Folgen eines Varroa-Befalls zugrunde gehen.

Varroatose: Befall eines Volkes mit *Varroa-Milben*.

Verdrahtung: Dient der Stabilisierung der eingelöteten Mittelwand. Quer- und Längsverdrahtung möglich.

Vorschwarm: Bienenschwarm mit Altkönigin. Der Vorschwarm ist meist sehr friedlich.

Wabenschwefler: Abgesicherte Blechdose, in der Schwefelstreifen gefahrlos abgebrannt werden können.

Wabenstetigkeit: Merkmal der Carnica-Bienenrasse. Die Bienen fliegen nicht sofort auf, wenn die Waben kontrolliert werden.

Wachsmotte: Kleinschmetterling, der im Raupenstadium (Rankmade) vom Wachs der Bienenwaben lebt. Kann großen Schaden, vor allem an der Lagerhaltung von Leer- und Futterwaben außerhalb des Bienenvolkes, anrichten.

Wasserwabe: Leerwabe, die mit Wasser besprüht wurde. Wird bei der Ablegerbildung eingesetzt, damit die Bienen anfangs ausreichend Wasser zur Verfügung haben.

Weisel: Königin.

Weiselfuttersaft: Gelée royale, flüssige Nahrung aus der Kopfdrüse junger Arbeiterinnen, mit der sehr junge Larven gefüttert werden. Eine Königin wird ihr ganzes Leben lang mit Weiselfuttersaft gefüttert.

Weisellosigkeit: Fehlen einer Königin. Das Volk muß dann *neubeweiselt* werden.

Kennzeichen der Weisellosigkeit: unruhiges Heulen des Volkes im Stock, verkotete Rähmchen, Brutlosigkeit, Buckelbrütigkeit, zunehmende Stechlust.

Weiselprobe: Maßnahme, um festzustellen, ob eine Königin vorhanden ist. Dazu können verschiedene Methoden angewandt werden, z. B. Sieben oder Einhängen einer offenen Brutwabe.

Weiselstoff: siehe *Königinnensubstanz*.

Weiselzelle: Wiege der Königin. Ist wesentlich größer als eine normale Brutzelle und hat die Form einer nach unten offenen Glocke.

Wintertraube: Bienen rücken im Winter auf ihren Waben eng aneinander, um die Wärme besser zu speichern. Auf den Waben bilden die übereinandersitzenden Bienen eine kugelige Erhebung – die Wintertraube.

Zarge: Beutenteil (z. B. Honigraumaufsatz = Honigzarge).

Zeichnen: Aufkleben eines bunten, numerierten *Opalithplättchens* auf den Rückenschild der Königin. Sie kann damit zeitlebens identifiziert werden.

Zeidler: Mit besonderen Rechten ausgestattete Waldbienenzüchter des Mittelalters (Blütezeit des Zeidlertums in Deutschland 14. und 15. Jahrhundert, Niedergang ungefähr im 17. Jahrhundert).

Zündholzprobe: Diagnosemöglichkeit bei *bösartiger Faulbrut*. Sticht man mit der Zündholzrückseite in die kranke Brut, bilden sich beim Zurückziehen schleimige Fäden aus.

Literatur

CHINERY, M.: Pareys Buch der Insekten. Paul Parey Verlag, 1987.

Der Imkerfreund: Ausgabe 12/96.

EBEL, G.: Gesundheit aus der Bienenapotheke. Ariston Verlag, 1994.

EBEL, G., RINKE, S.: Die Naturheilküche mit Honig. Ehrenwirth Verlag 1996.

ECKERT, R., RANDALL, D.: Tierphysiologie. Thieme Verlag, 1986.

GEISER, F.: Wildbienen. LB Naturbücherei, 1988.

GETTERT, L.: Mein Bienenjahr. Ulmer-Verlag, 1991.

HEROLD, E., PIETEREK, H.: Das kleine Imker-ABC. Ehrenwirth Verlag, 1985.

HEROLD, E., WEISS, K.: Neue Imkerschule. Ehrenwirth Verlag, 1995.

HORNSMANN, E.: Bienen im Dienst der fruchtbaren Heimat. Verlag Deutscher Imkerbund e.V. Syke, 1963.

HÜSING, J. O., NITSCHMANN, J.: Lexikon der Bienenkunde. Ehrenwirth Verlag 1987.

MENZEL, R.: Farbensehen blütensuchender Insekten. FU Berlin

POTSCHINKOVA, P.: Bienenprodukte in der Medizin. Ehrenwirth Verlag, 1992.

RENNER, M: Kükenthal's Leitfaden für das Zoologische Praktikum. G. Fischer Verlag, 1984.

RÜDIGER, W.: Ihr Name ist Apis. Ehrenwirth Verlag, 1974.

SCHLAMMER, G.: Natürliche Bienenhaltung – naturreiner Honig. Ehrenwirth Verlag, 1996.

VON FRISCH, K.: Aus dem Leben der Bienen. Springer Verlag, 1993.

WEBER, V.: Imkern leicht gemacht mit dem Alpentrogmagazin. Ehrenwirth Verlag 1982.

WEBER, V.: Das Wachsbuch. Ehrenwirth Verlag, 1991.

WEISS, K.: Der Wochenend-Imker. Ehrenwirth Verlag, 1993.

ZANDER, BÖTTCHER: Haltung und Zucht der Biene. Ulmer Verlag, 1989.

Staatliche Untersuchungsstellen bei Bienenkrankheiten

(weitere Adressen evtl. über die jeweiligen Veterinärämter erhältlich)

Baden-Württemberg
Tierhygienisches Institut, Herr Dr. Ritter, Am Moosweiher 2,
79108 Freiburg, Tel. 0761-15020
Staatliches tierärztliches Untersuchungsamt, Abteilung Parasitologie,
Azenbergstraße 16, 70174 Stuttgart

Bayern
Landesuntersuchungsamt Bayern, Veterinärstraße 2, 85764 Oberschleißheim bei
München
Landesuntersuchungsamt Erlangen, Eggenreuther Weg 43, 91058 Erlangen

Nordrhein-Westfalen
Chemisches Landes- und Veterinäruntersuchungsamt, Sperlichstraße 19,
48151 Münster, Tel. 0251-98210

Sachsen
Landesuntersuchungsanstalt für das Gesundheits- und Veterinärwesen Sachsen
Standort Dresden, Jägerstraße 10, 01099 Dresden, Tel. 0341-52440
Standort Chemnitz, Zschopauer Straße 87, 09111 Chemnitz
Standort Leipzig, Bahnhofstraße 58/60, 04448 Wiederitzsch bei Leipzig

Stichwortregister

Edmund Herold/Karl Weiß
Neue Imkerschule
Theoretisches und praktisches
Grundwissen.
9., völlig neubearbeitete Auflage, 380
Seiten mit 167, z. T. farbigen Abb., geb.
ISBN 3-431-02739-3

Ray Hill
**Propolis/Kittharz das
natürliche Antibiotikum**
6. Auflage, 60 Seiten, Pbck.
ISBN 3-431-02851-9
Propolis – als Kittharz ein „Baustoff"
im Bienenstock – gewinnt in der
Heilkunde zunehmende Bedeutung. Es
lassen sich Salben und alkoholische
Lösungen herstellen, die bei den
verschiedensten Krankheiten zur
Linderung und Heilung führen.

Helmut Horn/Cord Lüllmann
Das große Honigbuch
Entstehung, Gewinnung,
Zusammensetzung, Qualität,
Gesundheit, Vermarktung.
280 Seiten mit zahlr. z. T. farbigen
Abb., Zeichnungen und Tabellen, geb.
ISBN 3-431-03208-7

Kloft/Maurizio/Kaeser
**Waldtracht und Waldhonig
in der Imkerei**
2. Auflage, 344 Seiten,
174 Abbildungen, z. T. farbig, geb.
ISBN 3-431-02527-7
Dieses Buch ist eine Pflichtlektüre für
jeden fortschrittlichen Imker, der den
Wald als Trachtquelle nutzen will. Er
erhält wesentliche Hinweise für eine
wirtschaftlich optimale Ausnutzung der
Waldtracht.

Heinz Lorenz
**Bauanleitung für das
Langstroth-Magazin**
3. Auflage, 84 Seiten mit zahlr. Abb.,
Pbck.
ISBN 3-431-03107-2

Maurizio/Schaper
Das Trachtpflanzenbuch
Nektar und Pollen – die wichtigsten
Nahrungsquellen der Honigbiene.
4. Auflage, 336 Seiten mit zahlr. farb.
Abb.
ISBN 3-431-03207-9

Friedrich Pohl
**Arbeitsweise in der
modernen Imkerei**
152 Seiten mit über 300 Zeichn.,
Pbck.
ISBN 3-431-03083-1
In anschaulichen Zeichnungen und
darauf eingehenden textlichen
Ausarbeitungen erläutert der Autor die
Funktionsweisen der Honigbiene und
folgert die Arbeitsschritte für den
Imker in allen Details bis hin zu
genauen Monatsanweisungen für den
imkerlichen Arbeitskalender sowie die
Beseitigung oder Behandlung von
Störungen oder Erkrankungen im
Bienenvolk.

Dr. Pavlina Potschinkova
**Bienenprodukte in der
Medizin**
176 Seiten, Pbck.
ISBN 3-431-03247-8

Ehrenwirth Verlag

Friedrich-Karl Tiesler/
Eva Englert
**Aufzucht, Paarung
und Verwertung von
Königinnen**
224 Seiten mit vielen farb. Abb., geb.
ISBN 3-431-03003-3
(erscheint Herbst '96)
Zwei erfahrene Praktiker geben sowohl
dem Anfänger als auch dem
erfahrenen Züchter viele wertvolle
Ratschläge für die Aufzucht von
Königinnen guter Qualität.

Carlson Wade
Bienen-Power
Gesundheit aus dem Bienenstock.
Honig, Pollen, Propolis, Gelée royale.
128 Seiten, Pbck.
ISBN 3-431-03340-7

Vinzenz Weber
Das Wachsbuch
4. Auflage, 196 Seiten mit 46 Fotos
und 17 Zeichnungen, Pbck.
ISBN 3-431-02359-2
Ausgezeichnet mit der silbernen
Apimondia-Medaille.

Vinzenz Weber
**Leichter Imkern mit
Trogbeuten**
2. Auflage, 240 Seiten mit zahlr. Fotos
und Zeichnungen, Pbck.
ISBN 3-431-02562-2
Der Autor gibt dem Leser die Gewähr
für erprobte, leicht verständliche
Ratschläge auf möglichst biologischer
Grundlage.

Karl Weiß
Bienen-Pathologie
Krankheiten – Schädlinge –
Vergiftungen – gesetzliche Regelungen.
Ein Lern- und Arbeitsbuch.
2. Auflage, 276 Seiten mit 85 Abb. und
17 Tafeln, geb.
ISBN 3-431-02594-3

Karl Weiß
Der Wochenend-Imker
Eine Schule für das Imkern mit
Magazinen.
9. Auflage, 256 Seiten, 14 Tafeln und
124 z. T. farbige Abbildungen, geb.
ISBN 3-431-02275-8
Das richtungsweisende Lehr- und
Handbuch für Hobby- und Erwerbsimker
bringt mit einem 7-Tage-Turnus System
in die Bienenzucht. Neben
grundlegenden Informationen enthält
dieses Buch 14 Tafeln mit
kurzgefaßten Arbeitsanleitungen, die
den Einstieg in die jahreszeitlich
wechselnden Maßnahmen erleichtern.

Karl Weiß
**Zuchtpraxis des Imkers in
Frage und Antwort**
3. Auflage, 232 Seiten mit 153 z. T.
farb. Abbildungen, geb.
ISBN 3-431-02820-9

Ehrenwirth Verlag